JN033962

アジアの障害者の法的能力と成年後見制度

障害者権利条約から問い直す

小林昌之［編］

生活書院

まえがき

　本書は、アジア経済研究所が2018年度と2019年度の2年間実施した「アジア諸国における障害者の法的能力——法の下の平等をめざして」研究会の最終成果である。本研究は、これまでの研究成果——小林昌之編『アジアの障害者のアクセシビリティ法制——バリアフリー化の現状と課題』アジア経済研究所（2019年）——など、アジアにおける障害法の一連の研究を踏まえて実施されている。個別の法分野以外では、重要課題として、アジア諸国の女性障害者と複合差別についての共同研究を実施したが、本書も同じく重要な課題である「法的能力」の問題を扱っている。これまでの研究も障害者一般を対象としてきたものの、議論の中心は肢体、聴覚、視覚などに障害を有する身体障害者であったのに対して、本書の中心は、これまで取り上げられることが少なかった精神障害者および知的障害者である。障害者権利委員会が急務であると考え、最初に出した一般的意見第1号（2014）が解説する障害者権利条約第12条「法律の前における平等な承認」が本書のテーマである。

　研究会委員は、現地の法律と言葉に精通しているアジア法を専門とする研究者と「障害と開発」やアジアの障害当事者運動に造詣の深い研究者・実務家ならびに精神障害法を専門とする委員によって構成された。研究は両者が協働する形で進められ、議論と現地調査をとおして、各章とも現地の法制度、法文化、障害当事者の動向を踏まえた論考とすることができた。この分野においては、日本での議論が先行しているが、本書によって、わずかながらでもアジア各国の知見の共有が促進されることになれば幸いで

ある。

　研究会では、本書を執筆した委員のほか、外部の有識者からレクチャーをいただき、貴重なアドバイスを頂戴した。2018年度は、中央大学法科大学院の宮下修一氏から成年後見制度のあり方の再検討に関して大変興味深い内容のレクチャーをいただいた。宮下氏にはコラムの執筆もお引き受けいただいた。2019年度は、新潟大学法学部の上山泰氏から障害者権利条約12条と成年後見制度の整合性をめぐる課題に関してご報告いただいた。また、手話通訳者各氏には難解な議論の通訳をサポートしていただいた。ここに記して感謝の意を表したい。

　さらに、メリットレビューをお引き受けいただいた同僚の寺本実氏には的確なご批判と貴重なコメントを頂戴し、研究会での議論と合わせて最終原稿に向けたとりまとめに大いに参考にさせていただいた。また、現地調査に際しては多くの方々に貴重な時間を割いていただき、有用な情報を頂戴した。この場を借りて感謝申し上げたい。最後に、本書の出版実現にあたって大変お骨折りいただいた生活書院の高橋淳代表にも改めて御礼申し上げたい。

2020年12月

編　者

アジアの障害者の法的能力と成年後見制度
障害者権利条約から問い直す

目　次

まえがき

序　章　障害者の法的能力と障害者権利条約
小林昌之

第1章　日本における障害者の法的能力
——意思の社会モデルの萌芽
池原毅和

コラム①　障害者権利条約と日本における成年後見制度のあり方の再検討
宮下修一　67

第2章　韓国の法的能力に関する法制度
崔　栄繁

略語一覧

ATM	Automated Teller Machine（現金自動預け払い機）
CRPD	Committee on the Rights of Persons with Disabilities（障害者権利委員会）
CRPD	Convention on the Rights of Persons with Disabilities（障害者権利条約）
DPO	Disabled People's Organization（障害当事者団体）
ESCAP	Economic and Social Commission for Asia and the Pacific（国連アジア太平洋経済社会委員会）
EU	European Union（欧州連合）
FRA	European Union Agency for Fundamental Rights（欧州基本権機関）
G.R.	General Register（［フィリピン］最高裁判例登録）
IDA	International Disability Alliance（国際障害同盟）
IRR	Implementing Rules and Regulations（［フィリピン］施行規則）
LOI	List of Issues（事前質問事項）
NCDA	National Council on Disability Affairs（［フィリピン］全国障害者問題評議会）
NCRPD	National Committee on the Rights of the Persons with Disabilities（［インド］全国障害者権利協議会）
NDN	National Disability Network（［インド］全国障害ネットワーク）
NGO	Non-Governmental Organization（非政府組織）
NHRC	National Human Rights Commission（国家人権委員会）
NSO	National Statistics Office（［フィリピン］国家統計局）
OHCHR	Office of the United Nations High Commissioner for Human Rights（国連人権高等弁務官事務所）
RA	Republic Act（［フィリピン］共和国法）
WHO	World Health Organization（世界保健機関）

序　章
障害者の法的能力と障害者権利条約

小林昌之

はじめに

　2006 年の国連障害者権利条約の採択により障害者[1]の人権に関する国際社会のコンセンサスがまとまり、障害分野においても権利に基づくアプローチによる開発枠組みが整った。しかし、歴史的に、障害者の法的能力は否定され、経済活動に必要な、金融や財産へのアクセスはしばしば否定されてきた。法の下の平等は、人権の基本的な原則であり、他の人権内容を行使するためにも不可欠であるものの、法的能力が否定または制限されることでそれらがはく奪されてきた。その範囲は、市民的、政治的、経済的、社会的、文化的権利に及び、とくに財産の所有、司法へのアクセス、選挙、婚姻、性と生殖、医療などの諸権利の制約を受けてきた。

　ところで、国連の主要な人権条約には、当該条約の履行を監視するために人権条約体（Human Rights Treaty Bodies）と称される委員会が設置され、締約国からの報告を検討し、適当と認める提案や一般的な性格を有する勧告を行う任務を負うとともに、条約規定に関する注釈を一般的意見（General Comments）として出すものとされる（薬師寺 2015, 38）。障害者権利条約のもとでは、障害者権利委員会が設置され、最初に出された一般的意見第 1 号が、第 12 条「法律の前における平等な承認」に関するものであった（CRPD 2014）。障害者の尊厳と権利の基礎をなすという、本条

文の重要性を考慮し、一般的意見で指針を示すことが急務であると考えたからである（CRPD 2014, para. 2）。

そこで、本研究では、障害者権利条約に照らしつつ、アジア諸国における障害者の法的能力に焦点を当て、その位置付けと課題を明らかにすることを目的とする。とくに、条約制定の交渉過程から、条約発効後の現在の実施過程においても議論のある、成年後見制度など代替的意思決定から支援付き意思決定への動きの有無に注目する。法的能力の問題の中心には、障害者本人の自己決定権の尊重と対峙する代理決定の問題が常にあり、多くの国で制度化されている成年後見制度が議論の焦点の1つとなる。

第1節　障害者の法的能力に関する先行研究

日本においては、1999年の民法改正前の禁治産・準禁治産制度が障害者にとって差別的であったことや改正後に導入された成年後見制度においても被成年後見人になると選挙権などがはく奪される問題に対して、障害当事者のみならず、学界・実務界でも関心が寄せられてきた[2]。これに加えて、高齢者の認知症の問題の高まりから、成年後見制度に対してはさまざまな視点からの研究がなされてきた。

障害者権利条約における法的能力に関しては、池原（2010; 2020）や上山（2018）が障害者権利条約の諸権利や諸分野を包括的に論ずる学術書のなかで、法的能力に焦点を当て、起草過程から条文成立後の議論や日本法との関係を詳細に論じる。上山は「法的能力概念の射程は、解釈論上、選挙権・被選挙権、民事および刑事の手続能力、刑事責任能力等の公法における各種の法的地位または資格に及ぶ可能性があるが、条約の制定過程以来、一貫して議論の焦点となってきたのは、後見人等による他者決定を基礎とする法定後見制度（guardianship）の条約整合性である」（上山 2018, 195-196）と指摘する。このほか障害者権利条約第12条に焦点を当て、条文の内容を解明したうえで日本の成年後見制度の課題を論ずるものとして

は、上山（2013; 2017）、川島（2014）、田山（2014）などがある。新村（2016 a ～ d）はこれら主要な先行研究を引用しながら、日本は障害者権利条約を批准したものの、現行の成年後見制度の運用状況をみると、条約の理解に対する多くの論者と政府との間には、見解に大きな隔たりがあり、

障害者の人権啓発ポスター（ネパール）

その原因の１つが、本人の意思に反してもその者の利益を守らなければならないという家父長的な考え方であり、障害者の自己決定を過小評価していると指摘する（新村 2016b, 72）。

　海外の動向に関する先行研究としては、欧米諸国の成年後見制度に関する論文が多く出されているが、ここではさしあたり上山・菅（2010）を挙げるにとどめる。上山・菅（2010）は、日本の実務界の提言が現行制度の大枠を維持した微調整にとどまるなか、現行制度の枠組みを批判的に検討し、イギリス法上の「ベスト・インタレスト原則」やドイツ法上の「必要性の原則」などを参照しながら、新たなグランド・デザインを探る。そして、現代の成年後見制度の１つの方向性として、過不足のない支援を提供する「小さな成年後見」という視点からの制度設計の可能性を論じる（上山・菅 2010, 9）。

　海外における先行研究でも、障害者権利条約下における法的能力や成年後見制度の問題を論じているものは少なくない。たとえば、Della Fina, Cera and Palmisano（2017）および Series and Nilsson（2018）は、障害者権利条約全体のコンメンタール（逐条解説書）の一部として第 12 条を解説している。このうち Series and Nilsson（2018）は、第 12 条の解釈は、先行研究間では議論があるところではあるが、障害者運動にとっては、成年

後見制度およびその他の形の代替的意思決定を廃止することは、それに付随する施設収容、強制治療ならびに選挙、結婚、所有などの基本的な市民権のはく奪の中心課題であることを強調する（Series and Nilsson 2018, 340）。de Bhailis and Flynn（2017）や Dinerstein（2012）も障害者権利条約第 12 条に焦点を当て、代替的意思決定から支援付き意思決定への移行の課題を論じる。また、Glen（2019）は、障害者の法の前での平等を保障するためには成年後見制度の廃止だけでは十分でないと指摘し、知的障害者、発達障害者などの法的能力をはく奪または制限するおそれのある事例を、保健、司法、選挙、セクシュアリティ、契約、結婚などいくつかの分類とはく奪のおそれのある度合いに分類して考察を行い、法的効果付与のための要件全般について再考する必要があると提起する（Glen 2019, 27）。

　地域レベルでの研究に関しては、FRA（2013）が欧州共同体（EU）加盟国の国内法を詳述し、国内レベルにおける法的能力の扱い方、枠組みを比較分析する。EU の多くの国では、法的能力を制限するためには、知的または精神的な障害があることに加えて、自己の諸活動を管理する能力に欠けることを基準としており、法的能力を欠くと判断されると通常は後見人が任命されるという。その結果、EU においても知的障害者や精神障害者[3]の権利に関する広範な問題のなかでも、法的能力と代替的意思決定または支援付き意思決定の議論がその中心にあると指摘する（FRA 2013, 9）。

　上記のとおり、先行研究の多くは、主として障害者権利条約の法解釈的な議論および先進国を中心とした国内法の分析にとどまり、開発途上国を含めたアジア地域の状況については解明が進んでいない。障害者の法的能力をめぐる議論の焦点の 1 つとして、成年後見制度の問題が挙げられているが、この問題は日本やアジア各国で喫緊となっている高齢化社会の問題とも絡み、アジア地域の障害当事者のみならず、実務家・研究者らの関心事項となりつつある。

　次節で見るように、障害者権利条約第 12 条では、①法の下の平等、②行為能力を含めた法的能力の享有、③自己決定に資する法的能力行使の

表1　第12条：法律の前にひとしく認められる権利

1　締約国は、障害者が全ての場所において法律の前に人として認められる権利を有することを再確認する。

2　締約国は、障害者が生活のあらゆる側面において他の者との平等を基礎として法的能力を享有することを認める。

3　締約国は、障害者がその法的能力の行使に当たって必要とする支援を利用する機会を提供するための適当な措置をとる。

4　締約国は、法的能力の行使に関連する全ての措置において、濫用を防止するための適当かつ効果的な保障を国際人権法に従って定めることを確保する。当該保障は、法的能力の行使に関連する措置が、障害者の権利、意思及び選好を尊重すること、利益相反を生じさせず、及び不当な影響を及ぼさないこと、障害者の状況に応じ、かつ、適合すること、可能な限り短い期間に適用されること並びに権限のある、独立の、かつ、公平な当局又は司法機関による定期的な審査の対象となることを確保するものとする。当該保障は、当該措置が障害者の権利及び利益に及ぼす影響の程度に応じたものとする。

5　締約国は、この条の規定に従うことを条件として、障害者が財産を所有し、又は相続し、自己の会計を管理し、及び銀行貸付け、抵当その他の形態の金融上の信用を利用する均等な機会を有することについての平等の権利を確保するための全ての適当かつ効果的な措置をとるものとし、障害者がその財産を恣意的に奪われないことを確保する。

（出所）外務省公定訳

支援、④成年後見制度を含む法的能力の関連措置の濫用防止、⑤財産管理・金融利用を確保する措置などを締約国に求めている（表1）。本研究では、アジア地域に関する研究の間隙を埋めるために、それぞれについて対象国の固有の状況を明らかにする。ただし、開発途上国においては、障害者の法的能力の問題は障害当事者間のみならず、法曹、法学者の間でもいまだ十分認識されていないと考えられることから、法の下の平等の問題でもある欠格条項やその恣意的な拡大によって障害者が不利益を被っている事象についても適宜取り上げる。本研究の対象国・地域は障害者権利条約制定に地域として主導的に取り組んだ国連アジア太平洋経済社会委員会（ESCAP）に属するアジア6カ国（日本、韓国、中国、タイ、フィリピン、イ

ンド）および障害者権利条約の締約国ではないものの遵守のための法律を
制定した台湾とする。

　なお、アジア地域の法的能力と成年後見制度については、2016年度に
立命館大学が各国の障害当事者や研究者を招へいして国際セミナーを開催
しており、その発表をとりまとめた報告書として長瀬・桐原・伊東（2017）
が公刊されている。本研究では、その知見を活用しつつ、国家法の分析の
みならず、障害者の権利実現という具体的な視点から、開発途上国を含め
たアジア地域の法制度を掘り下げて分析する。

第2節　障害者権利条約第12条と一般的意見第1号（2014）

　障害者権利条約第12条は「法律の前にひとしく認められる権利」を謳
い、その第2項で、障害者が生活のあらゆる側面において他の者との平等
を基礎として法的能力を享有することを認めるよう締約国に求める（表1）。
障害者権利条約は2006年12月に国連総会においてコンセンサスで採択さ
れたものの、最後まで争点として残っていたものの1つが第2項の「法的
能力」の解釈であった（長瀬2008, 115）。そもそも大陸法系と英米法系とい
う異なる法系による意味範囲の違いが一因にあるが、法的能力は、権利能
力にとどまるとする見解と、行為能力をも包含するという見解が対立して
いた（池原2010, 186-189；上山2018, 196）[4]。条約の採択が優先されたため
条文には不明瞭な部分が残されているものの、条約の制定過程を見る限り、
第12条の法的能力の射程には、行為能力が含まれているのが妥当である
とされる（上山2018, 196）。

　また、第12条については、政府と障害者団体との間で意見の対立が顕
著だった争点として、代替的意思決定制度の許容性の問題があったとされ
る（上山2018, 197）。障害者団体は、代替的意思決定の全面的な廃止と支
援付き意思決定制度への移行を求めたものの、これも条約の採択を優先す
る戦略から曖昧さが残された（Series and Nilsson 2018, 341）[5]。したがって、

政府間でも立場はわかれたものの、ラストリゾートとしての代替的意思決定は許容されるという最低限の共通認識があったとされ、条約自体が代替的意思決定を完全に排除したとみるのは難しいというのが一般的である（上山 2018, 197；川島 2014, 77；de Bhailis and Flynn 2017, 13）[6]。

しかし、この点について、障害者権利条約の履行状況の審査や条約の解釈をする障害者権利委員会の見解は厳しい。条約成立後の実施段階において、障害者権利委員会は各国から提出される政府報告に対して、当初からほとんどの締約国の総括所見のなかで、代替的意思決定から支援付き意思決定への転換を勧告してきた。そして、第 12 条の解釈指針として出された 2014 年の「一般的意見第 1 号（2014）」（CRPD 2014）は、まさに立法者意思から大きく転換したことの象徴であるとされている（上山 2018, 197; Series and Nilsson 2018, 347）。

一般的意見第 1 号は、まず条約第 12 条の締約国の義務の正確な範囲について、普遍的な誤解があると断定し、代替的意思決定から支援付き意思決定に基づくパラダイム転換が、人権に基づく障害モデルにより求められていることが理解されていないとしたうえで（CRPD 2014, para.3）、締約国に求められているのは、「後見人制度および信託制度を許可する法律を見直し、代替的意思決定制度を、個人の自律、意思および選好を尊重した支援付き意思決定に置き替える法律と政策を開発すること」であることを強く主張しているのである（CRPD 2014, para. 26）[7]。

この一般的意見第 1 号は、Ⅰ. 序論、Ⅱ. 第 12 条の規範的内容、Ⅲ. 締約国の義務、Ⅳ. 条約の他の規定との関係、Ⅴ. 国内レベルでの実施の 5 つの項目から構成されるが、以下ではまず表 1 にある第 12 条の条文の「規範的内容」を理解するために、障害者権利委員会の解説の要約を紹介する。

<u>第 12 条第 1 項</u>
　障害者が、法律の前に人として認められる権利を有することを再確認し、あらゆる人間が、法的人格（legal personality）を所有する人とし

て尊重されることを保障するものであり、法的能力（legal capacity）の承認のための前提条件である（para.11）。

第12条第2項

障害者が、生活のあらゆる側面において、他の者との平等を基礎として法的能力を享有することを認めている。法的能力には、権利所有者（holder）になる能力と、法律の下での行為者（actor）になる能力の両方が含まれる。法律の下での行為者になる能力により、人は、取引に携わり、法的な関係全般を構築し、修整し、あるいは終結させる権限をともなう主体（agent）として認められる。法的主体（legal agent）として認められる権利は、条約第12条第5項で規定されている（para.12）。

法的能力（legal capacity）と意思決定能力（mental capacity）とは、異なる概念である。法的能力は、権利と義務を所有し（法的地位；legal standing）、これらの権利と義務を行使する（法的主体性；legal agency）能力である。意思決定能力とは、個人の意思決定スキルをいい、人によって異なり、同じ人でも、環境要因および社会的要因などによって変化する可能性がある。第12条の下では、意思決定能力の不足が、法的能力の否定を正当化するものとして利用されてはならない（para.13）。

法的能力は、障害者を含むすべての人に与えられる固有の権利であり、2つの要素からなる。第1は、権利を有し、法律の前に法的人格として認められる法的地位である。第2は、この権利に基づいて行動し、それらの行動を法律で認めてもらう法的主体性であり、障害者はしばしばこれを否定または制限されてきた。両方とも障害者が実現すべき法的能力としての要素であり、両者は不可分である（para.14）。

第12条第3項

障害者がその法的能力の行使に当たり必要とする支援にアクセスできるようにする締約国の義務を認める。締約国は、障害者の法的能力を否

定することを避け、むしろ、障害者が法的効力のある決定を下せるよう
必要な支援を提供しなければならない（para.16）。法的能力の行使にお
ける支援では、障害者の権利、意思および選好を尊重し、決して代理人
による意思決定を行うことになってはならない。支援とは、さまざまな
種類と程度の非公式な支援と公式な支援の両方の取り決めを包含する
（para.17）。

第12条第4項

　法的能力の行使を支援するシステムに必要な保護措置の概要を説明
する（para.20）。著しい努力がなされた後も、個人の意思と選好を決
定することが実行可能ではない場合、「意思と選好の最善の解釈（best
interpretation of will and preferences）」が「最善の利益（best interests）」
の決定に取ってかわらなければならない。これにより、第12条第4項に
従い、個人の権利、意思および選好が尊重される。「最善の利益」の原則は、
成人に関しては、第12条に基づく保護措置ではない。障害者による、他
の者との平等を基礎とした法的能力の権利の享有を確保するには、「意思
と選好」のパラダイムが「最善の利益」のパラダイムに取って代わらなけ
ればならない（para.21）。

第12条第5項

　締約国に対し、金融および経済的問題に関して、障害者の権利を他
の者との平等を基礎として確保するために、立法上、行政上、司法上
およびその他の実務的な措置を含む措置をとることを義務付けている
（para.23）。

　条約の規範内容を受けて、障害者権利委員会は、次に締約国の義務に言
及し、最後に国内レベルでの実施について記している。締約国の義務とし
ては、以下のことが挙げられている。あらゆる種類の障害のあるすべての

人の法律の前における平等な承認の権利を尊重し、保護し、実現すること（para.24）。すべての人がその障害や意思決定スキルにかかわらず、生まれながらに持つ法的能力、すなわち「普遍的な法的能力（universal legal capacity）」が全面的に認められるよう、締約国は目的または効果における障害に基づく差別となる法的能力の否定を廃止しなければならないこと（para.25）。代替的意思決定制度（substitute decision-making regimes）を支援付き意思決定（supported decision-making）に置き替える義務があり、代替的意思決定制度の廃止と支援付き意思決定による代替策の開発の両方が求められること。そして、代替的意思決定制度を維持しながらの支援付き意思決定システムの開発は第12条の遵守としては不十分であること（para.28）。支援付き意思決定制度は、個人の意思と選好に第一義的重要性を与え、人権規範を尊重するさまざまな支援の選択肢からなり、決して障害者の生活を過剰に規制するものであってはならないこと（para.29）、などが明示された。とくに、意思決定の支援は、投票する権利、婚姻あるいはパートナーシップを確立し、家族を形成する権利、性と生殖の権利、親の権利、親密な関係と医学的治療に同意する権利、自由の権利などほかの基本的権利を制限する正当化の理由として利用してはならないことが例示されている（para.29（f））。

　これを踏まえ、国内レベルでの実施については、以下の措置をとらなければならないとする（para.50）。まず、障害者が、あらゆる生活の側面において、他の者との平等を基礎として、法的人格（legal personality）と法的能力（legal capacity）を有する人であることを法律の前で認めること。そのためには、代替的意思決定制度、および、目的または効果において障害者を差別して法的能力を否定する仕組みの廃止が必要であること（para.50（a））。次に、障害者の法的能力の行使における広範な支援へのアクセスを確立すること。ただし、これらの支援のための保護措置（safeguards）は、障害者の権利、意思および選好の尊重を前提としたものでなければならないこと（para.50（b））。そして、実施のための法律、

政策およびその他の意思決定プロセスの開発と実施において、障害者団体をとおして、障害者と緊密に協議し、積極的な参加を求めるべきこと、が謳われている（para.50（c））。しかしながら、これらの条件を満たす、支援付き意思決定制度は具体的に何か提示されているわけではなく、各国はそれぞれの異なる背景において、自らその在り方の問い直しを迫られている。

第3節　アジアにおける障害者の法的能力の現状と課題

　本研究では、障害者権利条約に照らしつつ、アジアにおける障害者の法的能力に焦点を当て、その位置付けと課題を探ってきた。各国・地域の経済・社会状況、法体系や法文化は異なるので、単純に比較することはできないが、障害者権利条約を基準に各国の現状と課題を把握することは、自

表2　条約締結状況と関連障害者立法

国　名	条約[1]	障害者立法		関連法	
日本	◎	1960年	障害者雇用促進法 （2013年改正）	1995年	精神保健福祉法 （2014年他改正）
		1970年	障害者基本法（2011年改正）	1999年	任意後見契約法
		2013年	障害者差別解消法	2016年	成年後見制度利用推進法
韓国	◎	1989年	障害者福祉法（1999年改正）	2014年	発達障害者法
		2007年	障害者差別禁止・権利救済法	2015年	手話言語法
				2016年	精神健康福祉法
中国	◎	1990年	障害者保障法（2008年改正）	2012年	精神衛生法
台湾	―[2]	2007年	身心障害者権益保障法 （2011年、2015年改正）	1990年	精神衛生法
タイ	◎	2007年	障害者エンパワーメント法 （2013年改正）	2008年	精神健康法
フィリピン	◎	1992年	障害者のマグナカルタ[3] （2007、2010、2013年改正）	2018年	精神保健法
インド	◎	2016年	障害者権利法	2017年	精神保健法

（出所）筆者作成

（注）
1）条約は「障害者権利条約」。◎は批准等を示す（2020年3月31日現在）。
2）台湾は国連加盟国ではないため、自ら「障害者権利条約施行法」を制定した。
3）正式名称は、共和国法第7277号「障害者のリハビリテーション・自己開発・自立ならびに社会の主流への統合およびその他の目的を定める法」。

国を振り返り、地域協力を進めていくうえで重要である。詳細は以下の各章で論じるが、ここでは各章の内容をもとに、障害者権利委員会の一般的意見第1号（2014）の締約国の義務と国内レベルでの実施についての言及をふまえ、障害者権利条約第12条の論点となっている事項を中心に、アジアにおける現状と課題を紹介する。

　なお、アジア地域では、障害者権利条約制定の動向やその後の署名・批准に合わせて、国内の障害法の制定や改正作業を行ってきた（小林2010）。法的能力や成年後見制度に関しても、障害者権利条約は大なり小なりの影響を与え、民法や精神衛生法などの制定・改正をもたらしている（表2）。ただし、以下に見るように、障害法と同様、それは必ずしもパラダイム転換をともなったものとはなっていない。

3-1　障害者の法的能力

　障害者権利条約の争点の1つは、第12条第2項が定める、障害者が生活のあらゆる側面において他の者との平等を基礎として享有すべき「法的能力」の範囲についてであった。上述のとおり、「権利能力」にとどまるとする見解と「行為能力」をも包含するという見解が対立してきた。

　障害者権利条約に関する議論のなかでは、障害者も他の者と平等に「権利能力」を享有することについて異論はなく、今回対象としたアジア各国・地域も規定の仕方は異なるものの、障害者の権利能力は認めている。多くは、民法のなかで、人は出生と同時に権利能力を取得し、死亡によって喪失することが定められている。

　一方、「行為能力」については、多くの国・地域で、禁治産制度から成年後見制度への移行が見られたものの、何らかの理由を付して行為能力を制限している。たとえば、日本、韓国、中国、台湾では、自己の行為を弁識できない程度により、行為無能力者あるいは制限行為無能力者などとして行為能力が制限されている。タイは、行為能力が制限される者として、未成年者、禁治産者、心神喪失者、準禁治産者の4類型を定めている。そ

のなか、禁治産者に対する行為能力の制限は、財産行為にとどまらず、身分行為も含めた法律行為全般に及んでいる。フィリピンの場合は、権利能力は生来的であるのに対して、行為能力は後天的に取得されるものだとして、精神障害者、知的障害者、ろうあ者などは、禁治産者と同様に行為無能力者として行為能力が制限されている。インドもまた法の前の人として、障害者は権利主体であるとしつつ、障害者の法的能力については合理的区別を認め、限定的後見などを導入している。

3-2 成年後見制度

アジアでは、日本の民法の禁治産制度やその後の成年後見制度への移行を範として、自国・地域の制度を構築あるいは改正してきたこともあり、類似する点が見られる（表3）。日本では、1999年の民法改正により禁治産制度が廃止され、成年後見制度として、後見、保佐、補助の3類型および契約による任意後見が存在する。韓国は成年後見、限定後見、特定後見の3類型と任意後見に加え、政府が後見サービスの財政支援を行う公共後見制度を設けている。被後見人が制限される範囲は日本より若干狭いとされる。中国は、民事行為無能力または民事行為制限能力と認定された者に後見人（監護人）が指定されるほか、任意後見制度も導入されている。台湾は、後見（監護）と、補助（輔助）に加え、2019年に任意後見制度が設

表3　成年後見の類型

国　名	法定後見	その他
日本	後見・保佐・補助	任意後見
韓国	成年後見・限定後見・特定後見	任意後見・公共後見
中国	後見	任意後見
台湾	後見・補助	任意後見
タイ	後見・保佐	
フィリピン	後見	任意後見・指定代理
インド	限定的後見	指定代理

（出所）筆者作成

けられた。ただ、後見制度は、身上監護に関する規定を欠いているため、被後見人は行為無能力者として、優生保健法上の不妊手術を後見人に代理決定されるおそれがある問題が指摘されている。なお、台湾の「輔助」類型は日本の保佐類型に相当するとされる。

　タイの民商法典は、日本の民法を参照しているとされ、行為能力が制限される者として、未成年者、禁治産者、心神喪失者、準禁治産者の4類型が規定されている。禁治産者には、後見人が、準禁治産者には保佐人に指定される。禁治産者には、日本法が定める例外規定も存在しないため、すべての法律行為が取消しの対象となり、徹底した行為無能力者となっている点が問題として指摘されている。代理行為が馴染まない身分行為も含まれ、その結果、障害者権利条約の規定に反して婚姻が認められていないという。また、医療代諾権が成年後見人と保佐人にも認められていることで、強制不妊手術のおそれがあることも指摘されている。フィリピンでは、入院中のハンセン病患者、読み書きのできないろうあ者、精神障害者、知的障害者などが「無能力者」（incompetent）として被後見人となり、タイ同様、精神障害は婚姻無効の理由となる。インドは、1987年法で、精神障害者が、自らの監護および財産管理ができない場合、監護のための後見人または財産管理のための管財人が任命されるとしていたが、2016年法では、障害者が法的拘束力ある決定を行えない場合は、その者との協議のうえで、代理して法的拘束力ある決定をなすという限定的後見人が設けられた。

3-3　代替的意思決定から支援付き意思決定へのパラダイム転換

　障害者権利委員会が障害者権利条約第12条の履行に求めるものは、成年後見制度などによる代替的意思決定から支援付き意思決定への完全なパラダイム転換である。アジアでは、障害者権利条約での議論を踏まえ、障害者の自己決定を尊重する方向に向かいつつも、代替的意思決定を基本とする制度が維持されているといえる。対象国のなかでは、唯一、インドがパラダイムシフトをはかり始めたことが示唆される。以下、対象国の現状を概観する。

日本では、成年後見制度の廃止ではなく、逆に「成年後見制度利用促進法」が 2016 年に制定されている。成年後見制度の利用促進が目的ではあるものの、成年被後見人等の意思決定の支援が適切に行われるとともに、成年被後見人等の自発的意思が尊重されるべきことが基本理念として掲げられている。

　韓国も、障害者の自己決定を保証する意思決定支援システムを構築する努力はするものの、成年後見制度の即時の廃止は、むしろ障害者の権利を害すおそれがあり、成年後見制度の存在は現在においては現実的な解決策であると主張する。

　中国の法学者は概して障害者に対する成年後見制度の確立に肯定的であり、2017 年の民法総則の制定により、自己決定を尊重する条文が備わったと評価している[8]。しかし、これらは主として誰に代理してもらうかについての意思尊重にとどまり、障害者権利委員会が問題としている「代理」の適否や障害当事者の意思の行使を支援する仕組みについては議論が進んでいない。障害当事者の視点からの議論があまりなく、従来のまま障害者は保護すべき客体であることを前提としている。

　台湾の後見制度は、持続的植物状態にある人、重度の知的障害もしくは精神障害のある人、言語的能力がない人や顕著に認知機能が低下している人など、持続的に判断能力を欠く人を対象としている。そしてこれは意思決定能力を欠く人の権利を制約するものではなく、保護を図るものであると主張されている。これに加え、任意後見制度の導入によって、尊厳と自己決定が守られると主張されるものの、内容は法定後見とほとんど同じあり、唯一異なる部分は、任意後見人が本人によって選ばれることだけである。なお、支援付き意思決定制度の創出の検討はされているという。

　タイ政府は、障害者権利条約への報告のなかで、代替的意思決定を制限し、障害者による決定を促進させる努力を継続して行っていると述べているが、具体的な措置についての言及はない。障害者がサポートを受けながら自己決定を行って生活する自立生活の推進を取り上げ、支援付き意思決

定を推進していることを強調することによって、その反射効として代替的意思決定制度が減少すると主張している。タイでは、何らかの事由により判断能力が十分ではない者を「保護」することが制度の主要な目的となっているため、代替的意思決定は当然であるとの認識が裁判官、研究者を含めた法曹界には存在する。したがって、現行後見制度は、代替的意思決定制度を維持するものであり、タイもパラダイム転換は果たしていないといえる。

　フィリピンでは、支援付き意思決定のサービス利用者は、法定代理人を含む3人まで、「サポーター」と呼ばれる人を支援付き意思決定のために指名することができる。ただし、支援と銘打っているものの、治療や療法のサービスを受ける話し合いなど、もっぱらインフォームド・コンセントの文脈において同席することだけが定められている。

　インドは、原則としては精神障害者自身により指定代理人を任命すること、精神保健ケアや治療に際してもその決定は基本的にケアや治療を受ける本人がなすものであり、指定代理人はその決定の支援を行うものであることが明示されている。また、指定代理人の任命が不能だとしても、ケアや治療についての意思決定能力がないものとはみなさないという点も、精神障害者の法的能力を尊重したものとなっているとされる。従来、精神障害者は主として収容の客体として扱われていたが、障害者権利条約批准にともない大きく変わり、障害者の権利保障や法的能力の承認の視点が国内法整備にも生かされている。

第4節　本書の構成

　障害者権利条約の履行状況に関する政府報告は、すべての国・地域から提出されており、韓国、中国、台湾、タイ、フィリピンおよびインドについてはすでに障害者権利委員会（台湾の場合は、国際審査委員会）との建設的対話が実施され、総括所見が出されている（表4）。各章ともこのことを

表4 第12条に関する各国の総括所見

韓　国	21. 委員会は、2013年7月に導入された新しい成年後見制度が、疾病、障害または高齢化によって引き起こされる心理的制約のために、持続的に課題の遂行ができないとみなされる人の財産および個人的問題に関する決定を、後見人に委ねていることを懸念する。委員会は、このような制度は、法律の前にひとしく認められる権利に関する委員会の一般的意見第1号（2014年）で詳しく説明されている、条約第12条の規定に反して、支援付き意思決定の代わりに代理人による意思決定を促進し続けるものであることに留意する。 22. 委員会は、締約国が代替的意思決定から、医療に関するインフォームド・コンセントの付与と撤回、司法へのアクセス、投票、結婚、仕事、居住地の選択をするなどの個人の権利の尊重を含め、その人の自律性、意思および選好を尊重し、条約第12条および一般的意見第1号を完全に遵守する、支援付き意思決定に移行することを勧告する。さらに、委員会は、障害者およびその代表組織との協議と協力のもと、公務員、裁判官、およびソーシャルワーカーを含むすべての関係者に対して、国、地域、地元レベルで、障害者の法的能力および支援付き意思決定の仕組みについて研修を行うことを勧告する。
中　国	21．委員会は条約の第12条を遵守していない、法定後見を確立するための制度について懸念を示す。委員会は、障害者が自らについての決定を行い、自律を保持し、意思と選好が尊重されるための支援付き意思決定の制度が全く欠けていることに留意する。 22．委員会は、条約第12条に則って、法的能力の行使において、締約国が成年に後見と信託を許容する法律、政策、実践を廃止するための措置を講じ、代替的意思決定を、自律、意思、選好を尊重する支援付き意思決定に替えるための法的措置を講じるよう促す。さらに、委員会は締約国が、障害者組織との協議のもとに、以下を含む支援付き意思決定の制度のための青写真を準備、法制化、実施するよう勧告する。 　（a）すべての人の法的能力と行為能力の認知 　（b）法的能力を行使するために必要な配慮と支援へのアクセス 　（c）支援がその人の自律、意思、選好を尊重していることを確保する規則と、支援がその人のニーズを満たしていることを確保するためのフィードバック・メカニズムの確立 　（d）支援付きの意思決定の促進と確立への準備
台　湾	38. 国際審査委員会は、国連の障害者委員会が一般的意見第1号の解釈に従って、国内法を障害者権利条約第12条に国が調和させていないことを懸念する。これらの国内法のなかには、民法、信託法、および関連するすべての法律が含まれる。国際審査委員会は、後見制度の下に置かれた障害者が、自分の意思、選好または自律を表現するための法的能力を否定されるという広範に見られる状況にとりわけ着目する。そのような状況には、婚姻、選挙権、公共サービス、不動産の処分、金融サービスの利用、雇用、不妊・断種を含む医療手続きへのインフォームド・コンセントが含まれるが、これらに限定されない。国際審査委員会はさらに、国が法的能力と意思決定能力の概念を混同していることを懸念する。 39．国際審査委員会は、国が関連するすべての法律、政策、手続を修正し、適切な資源の提供を含む、国連障害者権利委員会一般的意見第1号に準拠した、支援付き意思決定制度を導入することを勧告する。法的能力と意思決定能力は別個の概念である。国際審査委員会は、以下の概念に基づいて、裁判官を含むすべての公務員の訓練を勧告する。法的能力は、権利と義務（法的地位）を保持し、その権利と義務（法的主体性）を行使する能力である。意思決定能力とは、人間の意思決定スキルを指す。人間の意思決定スキルは、人によって異なり、環境や社会的要因を含む多くの要因に左右される。

タ イ	25. 委員会は障害者の代替的意思決定および後見人制度に深く懸念する。 26. 法律の前にひとしく認められる権利に関する一般的意見第1号（2014）に照らし、委員会は、締約国に対し、とりわけ民法典第28条および第1670条に定められた代替的意思決定制度を廃止し、障害者の自律性、意思および選好に基づく支援付き意思決定制度に置き替えるよう促す。
フィリピン	24. 委員会は以下について懸念している： （a）締約国の法律が、依然として、生活のあらゆる側面にかかわる自己の意思と選好を表明するための障害者の法的能力を否定して、後見人を設け、知的または心理社会的障害者の権利を行使する能力を制限していること。 （b）議会で審議中の、意思決定支援の選択的提供と、事実上の代理決定者として行動する「法定代理人」は、法の前の平等性の欠く結果をもたらすこと。 （c）障害者、とくに聴覚障害者と意思疎通ができる弁護士がいないために、障害者は法制度へのアクセスを得る困難に直面していること。 25. 委員会は締約国に以下を勧告する： （a）民法典（共和国法第386号）第37条から第39条、憲法第3章第11条、および共和国法第9406号を再検討し、障害者権利委員会の法律の前にひとしく認められる権利に関する一般的意見第1号（2014）に沿う形で、障害者の法的能力を完全に認める法律の制定を求める。 （b）障害者およびその代表組織との協議と協力のもと、公務員、裁判官、およびソーシャルワーカーを含むすべての関係者に対して、国、地域、地元レベルで、障害者の法的能力および支援付き意思決定の仕組みについて研修を行うこと。 （c）障害者のための支援付き意思決定制度を、支援停止の可能性を含め、障害者の選択の自由に沿う形で確立すること。
インド	26. 委員会は、障害者権利法（第14条）が、障害者、とくに盲ろう者および知的障害または心理社会的障害のある人に影響を与える「限定後見」および「共同決定制度」を認めていることを懸念する。 また、締約国が、条約の認識とは異なり、後見制度を支援の一形態（CRPD/C/IND/Q/1/Add.1, para. 62）と理解していることも懸念する。さらに、ハンセン病患者に課せられた事実上の後見制度、および支援付き意思決定を導入するための措置の欠如についても懸念する。 27. 委員会は、法律の前にひとしく認められる権利に関する一般的意見第1号（2014）に則り、締約国に以下を勧告する： （a）障害者権利法（14条）、精神保健福祉法（4条）、自閉症・脳性麻痺・精神遅滞・重複障害者の福祉のためのナショナルトラスト法など、国や州の立法や実務からすべての類型の後見人を削除すること。 （b）すべての障害者の自律性、意思、選好を尊重した支援付き意思決定制度を導入し、障害者にこれらの制度に関する情報を提供すること。 （c）障害者の家族を含む社会において、法律の前にひとしく認められる権利について、また、ハンセン病患者、盲ろう者、知的・心理社会的障害者を含む障害者の法的能力の権利をどのように実現するかについての意識を高めること。締約国は条約に則って、法律の前にひとしく認められる障害者の権利および支援付き意思決定の手配について、公務員を訓練すべきである。

（出所）筆者作成
（注）日本語訳は各章および次の仮訳を基に一部修正した（韓国：日本障害者協議会（JD）仮訳「大韓民国の初回報告書に関する総括所見」(http://www.jdnet.gr.jp/report/17_02/kr1.docx)；中国：長瀬修仮訳「中国の第1回報告に関する総括所見」(https://www.dinf.ne.jp/doc/japanese/rights/rightafter/CRPD-C-CHN-CO-1_jp.html)；台湾：長瀬修仮訳「障害者権利条約中華民国（台湾）初回報告総括所見」(http://www.arsvi.com/2010/20171103irc.pdf)）。

踏まえ、障害者の法的能力、とくに成年後見制度による代替的意思決定制度から支援付き意思決定制度への転換の動きがあるのかに注目し、その位置付けと課題について論じる。以下、各章の要約を紹介する。

　第1章「日本における障害者の法的能力——意思の社会モデルの萌芽」では、法的能力を定める民法の議論を踏まえつつ、障害者権利条約が求める「意思」の課題とパラダイム転換による法制度の発展可能性について論じる。現行法制度は、行為能力や同意能力の有無を選別する制度を維持し、改正された成年後見制度は成年被後見人の意思の尊重と身上の配慮をなすべき義務を定めるなど、自己決定権の尊重への配慮を示しつつも、本人の行為能力を制限ないし否定し、他人の決定が本人の決定に優越する構造のまま、矛盾をはらんでいる。民法が前提とする人間像は、利害得失を合理的に判断できる個人であり、判断ができる精神的能力を備えていない者は、自己の権利義務関係を自ら決定できないものとされているからである。しかし、こうした人間像は民法以外ではさまざまな修正がなされており、その延長線上に障害者権利条約が求める意思決定の支援と法的能力の平等性の実現可能性があるとする。例えば、人間の脆弱性スペクトラムに着目している消費者法の法理を発展させれば、成年後見制度などの二分法による選別ではなく、脆弱性の状態に対応したさまざまなユニバーサルな法的対応が考案されうると論ずる。

　また、従来、西欧由来の観念に従い、意思や判断能力は個人に備わったものと考えられてきたが、社会モデルの視点に立てば、それらはいずれも共同体（コミュニティー）の人々の対話的な関係を基礎として形成されるはずである。したがって、意思決定支援においてはコミュニティーとの対話的な関係を充実させ、そこに当事者の参加が保障されることが不可欠となる。そこで、他のアジア諸国と比して、日本では伝統的な共同体の崩壊が相当に進んでいるものの、伝統的な共同体の支援力を維持・復権させつつ、それに民主的な対話の仕組みを加えた、法的能力の平等化と意思決定支援のあり方が期待されると論じている。

第2章「韓国の法的能力に関する法制度」は、意思能力などに関する民法などの規定、とりわけ 2011 年の民法改正による成年後見制度の内容および法的能力の行使と密接に関係する改正された精神健康福祉法における非自発的入院に関連した課題を取り上げる。さらに、障害者権利委員会から韓国に対して出された総括所見の内容を検討する。民法改正では、行為無能力制度である禁治産・限定治産制度が廃止され、要保護者のための持続的・包括的保護制度として「成年後見」と「限定後見」制度が導入され、多様なニーズに対処するために特定の行為について期間限定で後見人を置く「特定後見」制度と「任意後見」制度が新設された。また、発達障害法により、日本にない制度として公共後見制度が導入され、国の財政的な支援を通じて特定後見のサービスが提供される仕組みがあることを紹介する。韓国の成年後見制度は、日本と比較して同意を含む代理決定の範囲を制限し、さらに特定後見類型では期間も限定されており、日本の制度にとって示唆的である。しかし、こうした改正の方向性は評価されるものの、広範な代理権を後見人に与えている成年後見制度は、障害者権利条約第 12 条の視点からはなお見直しを迫られており、実態面においても、精神医療機関への平均入院日数は減少しているものの、なお長期入院が大きな課題となっていると指摘する。
　第3章「中国における障害者の法的能力」は、中国と障害者権利委員会との間の議論および関連する法律の条文整理をとおして、中国が障害者の法的能力をどのように捉え、条約の義務をどのように履行しようとしているのか、その現状と課題を探る。中国では、2012 年の障害者権利委員会の総括所見後、2017 年に民法総則が制定された。そのなかで後見制度に関する条文は整備されたものの、それは必ずしも障害者権利委員会が勧告した方向に向かうものとはなっていない。中国の法学者は概して障害者に対する成年後見制度の確立に肯定的であり、自己決定を尊重する条文を備えたとも評価している。しかし、国際社会における後見制度の議論は、ラストリゾートとしての代理決定であれば許容されるか否かというところに至っ

ている。そうしたなか、中国では被後見人の真の意思の尊重が謳われるようになったものの、議論は主として誰に代理してもらうのかに際しての意思尊重にとどまり、「代理」の適否や障害当事者の意思の行使を支援する仕組みについてはほとんど議論がなされていない。つまり、現状では、なお障害者の保護、管理およびその実施責任に関心が向けられ、障害当事者の視点の法制度への組み込みは、いまだに不十分であることが示唆される。

　第4章「台湾における障害者の法的能力」は、障害者権利条約第12条の実施の観点から台湾における障害者の法的能力の位置づけを検討する。台湾は国連加盟国でも、障害者権利条約締約国でもないので、身心障礙者権利公約施行法という国内法を制定し、政府報告とその審査も含め、自ら条約の内容に準拠した実施を図ってきている。本章では、成年後見制度を中心に実施状況を探る。台湾では、2009年に禁治産制度が後見制度に改められ、それまでの一元制度から「監護」（後見）と「輔助」（補助）の二元制度に改める改革が行われ、さらに2019年に任意後見制度が導入されている。しかし、「監護」を宣言されると、行為無能力者とされ、優生保健法が規定する不妊手術も「監護」人が決定する制度となっている。

　台湾は、国連システム外でわざわざ障害者権利条約の実施状況の審査を行い、行動計画を策定したにもかかわらず、その中身は任意後見制度の導入にとどまり、後見制度全体の見直しには至っていない。すなわち、障害者の権利を認めるという障害者権利条約の目指す方向に向かっているのではなく、むしろ法的能力のはく奪と権利の制限によって本人の保護を図る方向にあり、大きな課題を抱えたままであると結論する。

　第5章「タイにおける障害者の法的能力の現状とその問題点」は、タイの民商法典が定めている法定後見制度の内容を紹介するとともに、障害者権利委員会との建設的対話の分析をとおして同制度に対する政府の理解を明らかにし、障害者の法的能力および法定後見制度に関する問題点を考察する。タイ政府の初回報告においては、法定後見制度に関する記述は存在せず、ただ法的扶助について言及するのみであった。建設的対話において

も具体的な措置については言及せず、代替的意思決定を制限し、障害者による決定を促進させる努力を継続していると述べるにとどまっていた。しかし、実際には、タイは徹底した行為無能力者制度と代替的意思決定制度を採用し、その結果、身分行為のような一身専属的な行為もできず、禁治産者には婚姻が認められていないと指摘する。また、強い権限を有する後見人による代理権の濫用を防止するためではあるものの、裁判所の介入が広範囲に及ぶため、禁治産者を保護すべき対象として扱っていることが見て取れるという。

さらに、医療代諾権が法定後見人にも認められていることで、精神および知的障害者に対する、不妊手術を含めた非自発的な医療措置の問題が存在するという。タイ政府は、障害者に対する深刻な性暴力へのセーフガードとして代替的意思決定制度が意味を持ちうると認識しており、問題は根深い。現状では、法曹界も含めタイでは、障害者は保護の客体とされ、いかに障害者の代わりに法律行為を実施するかに関心が集中し、障害者の意思決定を支援する発想は見られないと論ずる。

第6章「フィリピンにおける障害者の法的能力」では、まずフィリピンの国内法における障害者の「法的能力」の扱いについて紹介するため、障害者権利条約に基づく政府報告とそれに対するパラレルレポートとの間の齟齬について考察する。つづいて、実際の法体系における障害者の法的能力の問題、とくに後見人制度の実態と婚姻無効の原因となることの問題を分析する。

フィリピンでは「障害者のマグナカルタ」という障害者差別禁止法があるにもかかわらず、法体系全体を見るとひとつひとつが継ぎ接ぎで一貫性がなく、それが障害者の法的能力の問題にも影響しているとする。とくに民法が、自然人の権利能力を生来的に認めながらも、行為能力は後天的であるとして、明示的に、精神障害者、知的障害者、ろうあ者などの行為能力を制限している条文を複数有することに加え、その適否を判断する裁判所の規則や最高裁判所の判例にも問題があると指摘する。そして、そもそ

も代替的意思決定が問題とされる後見人制度ですら障害者の利用に供されていないのがフィリピンの実情であり、障害者権利条約が求める支援付き意思決定への転換という方向が検討されるにはまだ大きな乖離があると論じる。

　第7章「インドにおける障害者と法的能力」では、障害者の法的能力に関連する法令を概観し、障害者権利条約に対する政府報告およびそれに対するパラレルレポートを考察したうえで、1987年の精神保健法とその新法である2017年の精神保健法との差異に焦点を当てて、現行法の特徴を明らかにする。同時に、障害者の法的能力にかかわる2016年障害者の権利法にも言及する。

　1987年法では、1912年法を受け継ぎ、精神障害者を代理して財産管理を行うことに重点が置かれていた。一方、インドは障害者権利条約の批准を契機に国内法を整備し、2017年に新たな精神保健法を制定した。2017年法では、原則として、精神障害者自身により指定代理人が任命されることや精神保健に関するケアや治療の決定も基本的には本人が行い、指定代理人はその決定の支援を行うものであると明記された。その結果、従来、精神障害者は主として「精神保健施設への収容または入所」の客体として扱われ、法的能力を有する個人とはみられなかったのに対し、条約批准後は、国内法においても、自己決定の尊重など障害者の権利保障および法的能力を承認する視点が加わったことが明らかとなり、障害者権利条約による影響が及んでいることが確認された。しかし、諸法令にはなお多くの欠格条項が存在し、そのあり方や強制入院の問題など具体的に検討されるべき課題が多く残されている。

おわりに

　障害者の法的能力の問題は、障害者権利条約が確認する、他の者との平等な、さまざまな権利と関係し、それらの基礎である障害当事者の自己決

定権の尊重と対峙することがあることから非常にクリティカルな課題である。しかし、上記で概観したように、それは障害者権利条約の策定過程から、国内的実施の現段階においても争点の1つとなっている。締約国や研究者の間では、条文解釈上、ラストリゾートとしての代替的意思決定は許容されるという認識がある一方、障害者権利委員会の見解は明確で、代替的意思決定の全面的な廃止と支援付き意思決定制度への移行を求めている。障害者権利委員会による国別審査を終えたほとんどの国がこの点について何らかの勧告を受けており、パラダイム転換の難しさが表れている。そうしたなか、ペルーは2018年の民法改正で[9]、識別力（discernment）欠如を理由とする法的能力の制限に関する条項を削除して障害者に完全な法的能力を認め、成年後見制度を廃止し（SODIS 2018）、障害者の権利に関する特別報告者からも改革へのマイルストーンであると評価されている[10]。障害当事者や研究者による今後の評価を待たねばならないものの[11]、パラダイム転換が不可能ではないことが示唆される。

　一方、アジア、とくにアジアの開発途上国の状況をみると、ラストリゾートとしての代替的意思決定の適否どころか、成年後見制度の議論は希薄であり、今なお障害者は主として判断能力が劣る、保護すべき対象とされていることが多い。本研究の対象国・地域の多くは、障害者権利条約を批准する過程で、条約に適合する方向で基本となる障害立法の改正を行ってきたものの、法的能力の制限の廃止や支援付き意思決定制度の導入については十分には進んでいない。開発途上国で成年後見制度の利用が少なく、議論が欠けるのは、制度の主要な目的が、個人の財産や「家」の財産管理であり、それには一定規模の財産が必要であり、貧困層に属することが多い開発途上国ではあまり関心が向けられていないことが要因の1つとなっている可能性がある。また、一番影響を受ける精神障害者や知的障害者など当事者の「声」が届きにくく、問題が表面化していないことにもよる。一方で、本書では論じることができなかったが、研究会の議論のなかでは、欧米とは異なるアジアの「家」や「コミュニティー」のあり方が、家父長

的な抑圧要因として働く場合もあるものの、障害当事者が尊重されるなど
の状況にあれば、西欧とは異なる選択肢の１つとしての発展可能性もある
のではないかということが模索された[12]。

　アジアの開発途上国での議論の先を行くことになるが、その１つの例が、
第１章で議論されている日本の現状を踏まえた、成年後見制度以外の仕組
みの導入可能性の提起である。障害者権利条約は、障害の社会モデルをベー
スにしており、障害は、機能障害を有する者とこれらの者に対する態度
および環境による障壁との間の相互作用によって生じる（障害者権利条約
前文）。この考えに基づけば、成年後見制度によって、判断能力の不十分
な成年者を保護するために、障害者個人の法的能力を制限するのではなく、
財産管理や身上監護が必要であれば、社会的・経済的弱者を保護するため
の消費者法などの社会法や経済取引そのもののあり方など、社会の側の仕
組みの変革が期待される。今後、日本をはじめとしてアジア各国がどのよ
うにパラダイム転換を果たしていくのか注目したい。

〔注〕
1　「障害」の概念や用法は重要な論点でもあるが、本書は基本的に障害者権利条約が立脚
　　する障害の社会モデルの視点に立ち、「障害」を個人の属性ではなく、社会の側に存在す
　　る問題であるととらえる。したがって、「障害者」の表記は社会によって不利益を被って
　　いる人という意味を含意する（杉野 2007, 5-6）。
　　　また、「障害者」が直面する不利益や差別の焦点は、障害種別によって当然異なるが、
　　本書では資料の制約と一般化・抽象化される法律の性格から、各章の事例として個別に
　　取り上げたほかは一般化して論じている。一方、各章においては、対象国における文脈
　　での位置付け、変遷、法律条文での表記などを明らかにするために、用語について、一部、
　　敢えて言い換えはせず、直訳のままの表記を使用している。
2　日本では被成年後見人になると選挙権を奪われてきた。しかし、2013 年に東京地裁が
　　公職選挙法の規定が憲法第 14 条に違反すると判決したことを受けて法律が改正され、被
　　成年後見人の選挙権に関する制限は解消されることになった（「成年被後見人の選挙権の
　　回復等のための公職選挙法等の一部を改正する法律」2013 年 6 月 30 日施行）。
　　　また、被成年後見人になると選挙権のはく奪以外に、これまで障害者に対する多くの
　　欠格条項が存在してきた。欠格条項とは、障害を理由に公的な資格や免許の取得、特定
　　業務への従事、公共サービスの利用を禁止または制限する法令の規定をいう。2001 年の

「障害者等に係る欠格事由の適正化等を図るための医師法等の一部を改正する法律」（平成 13 年法律第 87 号）などにより、障害を理由に一律に資格を認めないとする絶対的欠格事項は廃止されたものの、心身の機能の障害を理由として免許などを与えないことがあるとする相対的欠格条項は維持されている。一方で、成年後見制度にかかわる欠格条項の見直しについては、2019 年 6 月 14 日に「成年被後見人等の権利制限に係る措置の適正化等を図るための関係法律の整備に関する法律」が公布され、その結果、成年被後見人等を対象とした欠格条項は廃止されたものの、個別審査をするために、新たに「心身の故障」を理由とする相対的欠格条項が設けられ、障害当事者団体からは根本的な発想の見直しがなされていないと批判されている（障害者の欠格条項をなくす会 2016, 9）。

3　日本における精神障害者をめぐる法的問題に関しては池原（2011）が詳しい。

4　交渉過程では、第 12 条に対して、法的能力は認めるが、その行使は認められないとする脚注の挿入が試みられたが、多くの国の反論により削除されている（Series and Nilsson 2018、347）。また、この議論のために、国連人権高等弁務官事務所（OHCHR）によりバックグラウンド・ペーパーが作成されている（OHCHR n.d.）。

　　さらに、この対立は批准の際、複数の国が第 12 条について留保や声明を出していることからもうかがえる。行為能力は含まれない（エジプト）、行為能力の制限は否定されない（エストニア、フランス、ルーマニア）、国内法に基づき解釈される（クウェート、ポーランド、シンガポール、シリア）とするものなどである。ただし、その後、一部の締約国は批准時の留保の撤回を表明している（https://treaties.un.org/Pages/ViewDetails.aspx?src=TREATY&mtdsg_no=IV-15&chapter=4&lang=en#13, Declarations and Reservations）。

5　Series and Nilsson（2018）は、この曖昧さは、障害者権利条約策定に参加した障害者団体が団結し、締約国と交渉し、条約を成立させるために必要なコストであったと解説する（Series and Nilsson 2018, 341）。

6　これについても、障害者の安全を守るための措置やラストリゾートとしての支援付き代替意思決定制度は維持されるという留保や声明が出されている（カナダ、ジョージア、アイルランド、オランダ、メキシコ、ノルウェー、イギリス、ベネズエラ　）（https://treaties.un.org/Pages/ViewDetails.aspx?src=TREATY&mtdsg_no=IV-15&chapter=4&lang=en#13, Declarations and Reservations）。

7　これに対しては実務の立場からの批判も存在する（Scholten and Gather 2018 ほか）。

8　日本の法曹界も、本人の保護を目的として能力制限の範囲を拡張することが、本人にとって最良であるという感覚をもっていることが指摘されている（上山 2011, 32）。

9　この契機の 1 つとなったのが、市民社会の働きかけにより 2012 年に成立した障害者基本法（法律第 29973 号）であり、同法の附則のなかで、障害者団体代表の委員を含めた特別委員会の設置が明記され、障害者権利条約に適合するよう障害者の法的能力の行使に関する民法などの規定の見直しが行われた。

10　"Peru: Milestone disability reforms lead the way for other States, says UN expert"，（4 September 2018），at https://www.ohchr.org/EN/NewsEvents/Pages/DisplayNews.

aspx?NewsID=23501&LangID=E（アクセス日：2020 年 1 月 30 日）。

11　日本語による同法成立の経緯と概要については、上山（216-217 の付記）参照。また、同法の詳細な研究としては、ペルーの研究者による Constantino（2020）参照。

12　2018 年度、2019 年度の「アジアにおける障害者の法的能力」研究会での議論による。

〔参考文献〕

〈日本語文献〉

池原毅和 2010「法的能力」松井亮輔・川島聡（編）『概説　障害者権利条約』法律文化社, 183-199

―――― 2011『精神障害法』三省堂

―――― 2020『日本の障害差別禁止法制――条約から条例まで』信山社

上山 泰 2011「制限行為能力制度の廃止・削減に向けて」『成年後見法研究』第 8 号, 20-34

―――― 2013「現行成年後見制度と障がいのある人の権利に関する条約 12 条の整合性」（法政大学大原社会問題研究所・菅 2013, 39-116）

―――― 2017「法的能力の平等と成年後見」『法学セミナー』Vol.62. No.2, 50-53

―――― 2018「法的能力」長瀬修・川島聡（編）『障害者権利条約の実施――批准後の日本の課題』信山社, 195-217

上山 泰・菅富美枝　2010 「成年後見制度の理念的再検討――イギリス・ドイツとの比較を踏まえて」『筑波ロー・ジャーナル』8 号, 1-33.

川島 聡 2014「障害者権利条約 12 条の解釈に関する一考察」『実践成年後見』第 51 号, 71-77

小林昌之（編）2010『アジア諸国の障害者法――法的権利の確立と課題』日本貿易振興機構アジア経済研究所

―――― 2012『アジアの障害者雇用法制――差別禁止と雇用促進』日本貿易振興機構アジア経済研究所

―――― 2015『アジアの障害者教育法制――インクルーシブ教育実現の課題』日本貿易振興機構アジア経済研究所

―――― 2017『アジア諸国の女性障害者と複合差別――人権確立の観点から』日本貿易振興機構アジア経済研究所

障害者の欠格条項をなくす会 2019「障害者の欠格条項をなくす会・ニュースレター」No.76

杉野昭博 2007『障害学――理論形成と射程』東京大学出版会

田山輝明 2014「障害者権利条約からみた日本の成年後見制度の課題」『季刊福祉労働』第 143 号, 22

長瀬 修 2008「障害者の権利条約における障害と開発・協力」森壮也（編）『障害と開発――途上国の障害当事者と社会』アジア経済研究所, 97-138

長瀬 修・桐原尚之・伊東香純（編）2017『生存学研究センター報告書 29　障害学国際セミナー 2016――法的能力（障害者権利条約第 12 条）と成年後見制度』立命館大学生存学研

究センター

新村繁文 2016a；2016b；2016c；2016d「障害者権利条約批准と権利擁護システムの再構築 (1) ～ (4・完)」『行政社会論集』, 28 (3), 35-65；28 (4), 85-116；29 (1), 37-74；29 (2), 37-78

法政大学大原社会問題研究所・菅富美枝（編著）2013『成年後見制度の新たなグランド・デザイン』法政大学出版局

薬師寺公夫 2015「グローバル化と国際人権——国連の人権保障制度における国際機関と国家」『国際問題』No.642, 37-51

〈外国語文献〉

de Bhailis, Cliona and Eilionoir Flynn 2017. "Recognising Legal Capacity: Commentary and Analysis of Article 12 CRPD", *International Journal of Law in Context*, 13.1, 6-21.

Committee on the Rights of Persons with Disabilities (CRPD), General Comment No. 1 (2014), Article 12: Equal Recognition before the Law, CRPD/C/GC/1（邦訳は、日本障害者リハビリテーション協会仮訳,http://www.dinf.ne.jp/doc/japanese/rights/rightafter/crpd_gc1_2014_article12_0519.html 参照）。

Constantino C., Renato A. 2020. "The Flag of Imagination: Peru' s New Reform on Legal Capacity for Persons with Intellectual and Psychosocial Disabilities and the Need for New Understanding in Private Law", at https://revistaselectronicas.ujaen.es/index.php/TAHRJ/article/download/5482/4801?inline=1#ch00fn1（アクセス日：2020年10月1日）.

Della Fina, Valentina, Rachele Cera and Giuseppe Palmisano eds. 2017. *The United Nations Convention on the Rights of Persons with Disabilities: A Commentary*, Springer.

Dinerstein, Robert D. 2012. "Implementing Legal Capacity Under Article 12 of the UN Convention on the Rights of Persons with Disabilities: The Difficult Road from Guardianship to Supported Decision-Making," *Human Rights Brief*, Vol.19, No.2, 8-12.

FRA - European Union Agency for Fundamental Rights 2013. *Legal Capacity of Persons with Intellectual Disabilities and Persons with Mental Health Problems*, Luxembourg: Publications Office of the European Union.

Glen, Kristin Booth 2019. "Not Just Guardianship: Uncovering the Invisible Taxonomy of Laws, Regulations and Decisions that Limit or Deny the Right of Legal Capacity for Persons with Intellectual and Developmental Disabilities, *Albany Government Law Review*, 13 (1), 25-93.

Office of the United Nations High Commissioner for Human Rights (OHCHR) n.d. "Legal capacity", Background conference document prepared by the Office of the United Nations High Commissioner for Human Rights, at https://www2.ohchr.org/SPdocs/CRPD/DGD21102009/OHCHR_BP_Legal_Capacity.doc（アクセス日：2020年10月1日）.

Scholten, Matthe and Jakov Gather 2018. "Adverse Consequences of Article 12 of the UN Convention on the Rights of Persons with Disabilities for Persons with Mental

Disabilities and an Alternative Way Forward", *Journal of Medical Ethics*, 44, 226-233.

Series, Lucy and Anna Nilsson 2018, "Article 12 CRPD: Equal Recognition before the Law", in Ilias Bantekas, Michael Ashley Stein and Dimitris Anastasiou eds., *The UN Convention on the Rights of Persons with Disabilities: A Commentary*, Oxford University Press, 339-382.

SODIS 2018. "Legislative Decree No 1384: Legislative Decree that Recognizes and Regulates the Legal Capacity of Persons with Disabilities on Equal Basis" (Commentary), at http://sodisperu.org/wp-content/uploads/2019/08/Legislative-Decree-No-1384-Peruvian-legal-capacity-reform-2.pdf（アクセス日：2020 年 1 月 30 日）.

第1章

日本における障害者の法的能力
——意思の社会モデルの萌芽

池原毅和

はじめに

　アジア諸国の中で日本は最も早く西欧の法制度を採り入れた国である。1889 年に立憲君主制を定める大日本帝国憲法が公布され、人の権利能力および行為能力（法的能力）を定める民法はドイツ民法を参考にして 1896 年に制定された。同法は心神喪失の常況にある者を禁治産者とし、心神耗弱等 [1] の状態にある者を準禁治産者として、その行為能力を制限する無能力者制度を定めていた。同制度は 2000 年に現在の成年後見制度に改正された。

　精神障害のある人を本人の意思に基づかずに私宅に監置することを認める精神病者監護法は 1900 年に制定され、1950 年に「保護義務者」（のちに「保護者」と名称変更）の同意による非自発的入院（「同意入院」のちに「医療保護入院」に名称変更）を認める制度へと改正された [2]。医療保護入院は 1999 年の法改正で患者の同意能力の欠如が認められることを要件に加え、法的能力が欠けている場合に行われる非自発的入院であることを明確化した。

　現行法制度は、行為能力のある者とない者、同意能力のある者とない者を選別する制度を維持している。しかし、障害者権利条約第 12 条は法的能力の平等性を定め、代行決定から支援付き決定への完全な転換を求めて

40

いる³。もっとも、2020 年現在において成年後見制度や非自発的入院制度を完全廃止した国は先進諸国においては見受けられず⁴、障害者権利条約の要請は現実的ではないようにもみえる。しかし、現代社会における消費者法や福祉サービスに関する契約の発展は、むしろ、近代の取引社会を前提として設計された成年後見制度の妥当領域を再考させるものになっている。また、意思決定の支援のあり方の発展は、支援の対象となる「意思」そのものの理解の仕方の転換を指向している。以下では、第一に、法的能力を定めている民法が前提とする近代取引社会の人間像がどのように変遷してきたかをふり返り、現行法の成年後見制度が旧来型の人間像を脱していないことを明らかにし、次に、消費者契約と福祉サービス受給契約の領域を検討することで、現代社会においては成年後見制度が妥当すべき領域が実は限られつつあることを見ることにする。そして最後に、支援付き決定の要請（障害者権利条約第 12 条 3 項）が、単に支援のあり方の工夫にとどまらず、「意思」そのものの理解の仕方の転換を求めるものであることを論じる。

第 1 節　日本における法的能力の成立と変遷

1-1　民法（1896 年）

　19 世紀末に制定された日本民法は同時代に策定されていたドイツ民法草案を範として策定されたものである。ドイツ民法草案は 19 世紀西欧の法律思想であった個人主義、自由主義を集大成した法案とされている（我妻 1965, 8）。個人主義および自由主義を法制度化したものが私的自治の原則あるいは個人意思自治の原則であり、同原則は私人間の法律関係（権利義務関係）の発生、変動、消滅（以下「法律関係の変動」）は個人の意思に基づいて、国家の介入なしに自治的に決定されるものとする法原則である。人は出生と同時に権利義務の帰属主体となる地位（権利能力）を取得することとされた（民法 3 条）が、法律関係を変動させる能力（行為能力）につ

いては、その変動による利害得失を合理的に判断できる能力が必要であるとの考え方から、事理弁識能力が不十分な者（旧法では「心神喪失」あるいは「心神耗弱」）については裁判所の決定に基づいて行為能力を制限し、成年後見人（旧法では保佐人または後見人、現行法ではそれに補助人が追加された）を選任したうえで、成年後見人に成年被後見人の行為に対する同意権および取消権を与え、あるいは、代理権を付与することにした。

　行為能力制限制度（後見制度）については、民法制定から 100 年余り経過した 2000 年に至って改正が行われたが、精神障害などのために自己の利害得失を合理的に判断できない者の行為能力を制限ないし否定して、他人がその者の法律行為を阻止し（成年後見人の同意権）、覆し（成年後見人の取消権）、あるいは、本人に優越して法律行為を行う（成年後見人の代理権）という制度の基本は変わっていない。改正された成年後見制度は成年被後見人の意思の尊重と身上の配慮をなすべき義務（民法 858 条）を定め、自己決定権の尊重への配慮も示しているが、本人の行為能力を制限ないし否定し、他人の決定が本人の決定に優越する構造は自己決定権の尊重と矛盾する構造をはらんでいる。

　現行民法に至るまで、民法が前提とする人間像は、利害得失を合理的に判断できる個人であり、そうした判断をできるだけの精神的能力を備えていない者は、自己の権利義務関係を自ら決定することはできないものとされる。こうした人間像は、自由競争に基づく近代の取引社会を前提としている。自由競争に基づく取引社会では各人がその才覚を駆使して利害得失を打算し、自己の利益の最大化を目指して鎬を削る。そうした各人の自由な競争が「神の見えざる手」によって国富をもたらす。自己の利害得失を打算できない者をこの取引社会に参加させれば、その者たちは才覚のある者たちの餌食にされてしまうことになり、それは公正な取引とはいえない。そこで、そうした者たちには自分の判断だけでは契約することはできなくして、その代わりに成年後見人によって不利な契約にならないように管理してもらうようにするというのが成年後見制度の役割になる。

1-2　民法的人間像の成立と修正

　民法が前提とする人間像は歴史的にはドイツでも日本でも 19 世紀から 20 世紀へと世紀が移り、両国での産業革命が進み始める時代の社会で形成されたものであった。ドイツの法学者のラートブルフは、ルネッサンスから宗教改革を経てローマ法を継受した西欧近代社会のはじまりとともに法における人間像は、「利潤追求と打算に終始する商人像を模してつくりあげられたものであり（『商売に感情はない』）、商人の要求が、じつは、ローマ法継受とそれにともなう新しい人間類型への法の転換ということのもっとも本質的な原因であった。したがって、いささか誇張していうならば、それ以来、法はすべての人を商人と同視しており、労働者さえも『労働』という商品の売り手とみているのである」とし、その人間類型に基づく近代法秩序においては「人間の意思こそその天国なのである。そこでは利益とそれを実現するための手段とを、法的手段をも含めて、認識しかつ実行に移すだけの怜悧さと積極性とが前提とされている」として「法は、あらゆるその領域において、個人主義的、主知主義的な人間類型に向けられ」てきたと指摘している（ラートブルフ 1962, 6-10）[5]。

　民法は、こうした人間像から外れる場合を例外的に成年後見制度によって補正しようとしているわけである。けれども、現実の社会の中ではこうした人間像を修正することが必要な場面が多数あらわれ、人が生活する場である住居を確保する領域や人が雇われて働く領域などで早くから民法的な人間像が修正されることになった。

1-3　社会法が修正する人間像

　民法は住居の賃貸借契約も労働者の雇用契約も契約当事者は相互に理性と打算を尽くして対等な個人として契約をすることを想定していた。しかし、住居の賃貸借契約では限られた資源である土地・建物の所有者と住む場所の賃借ができなければ生活の基盤が確保できない賃借人が対等な立場にないことは明らかであることから、借主の立場を強化するために 1921

年には民法の特別法として借地借家法が制定された。また、雇用関係においても生産手段を所有あるいは管理する使用者と労働者の非対等性は明らかであり、1911年の工場法を皮切りに特に1945年以降に労働法が整備されていった。さらに、現行憲法（1946年）の生存権規定（同法25条）に基づく社会保障法が戦後整備されていった。社会保障法は老齢や疾病、障害など現実の人間が受けるさまざまな生活上の問題に対応するための法制度であり、民法の人間像に対比して具体的な人間像にさらに接近している[6]。

　社会法や社会保障法の発展は、民法とは異なる人間像が必要とされる領域の拡大を示している。しかし、これらの法律が適用される領域においては、それらの法律が優先的に適用されるので、民法自体はその法的人間像を修正する必要がないままに一般法として民事法の分野に君臨し続け、成年後見制度もその一般法としての人間像を前提としている。こうした近代社会初期の取引社会と人間像を前提にする成年後見制度が現代社会を生きる障害のある人や高齢者に適切に対応できるものではないことを障害者権利条約は訴えている。

1-4　精神病者監護法から精神衛生法・精神保健福祉法へ

　次に、医療に関して目を向けると、精神病者監護法（1900年）は、明治期の法制度がそうであったように日本が欧米列強に劣らぬ法治国家であることを示し、欧米諸国との間の不平等条約を改善するために制定された法律の1つであった。しかし、同法は能力などを問題にすることもなく、およそ「精神病者」であれば誰でも私宅監置の対象となることを法制化するものにすぎなかった。精神衛生法（1950年）は、私宅監置を廃止して現在の医療保護入院の前身となる同意入院制度（保護義務者の代諾による強制入院）を定めたが、同法には自発的入院に関する規定はなかった。したがって、精神障害者であれば、判断能力の存否を問うまでもなく、非自発的入院の対象にする規定になっていた（同法33条）。また、代諾権者である保護義務者は、「治療を受けさせる義務」を負わされていた（同法22条）[7]。

こうした条項の前提にある精神障害者像は、およそ精神障害者には合理的な判断力と病識がなく自ら必要な医療を受けることができないというものであった。同法は1987年に精神保健法に改正されたが、医療保護入院について同意能力の欠如が要件に加えられたのは1999年の法改正に至ってからであった。また、治療を受けさせる義務を負い代諾権者とされていた保護者制度の廃止は2014年改正まで待たなければならなかった[8]。すなわち、精神医療の分野では100年を超えて精神障害者には判断能力がないということが法制度の前提にされ、近年に至ってようやく精神障害があっても判断能力がある場合とない場合があるという法的な認識が成立したという状態であるが、代諾制度は現在も存続している。

民法が合理的で理性的な人間という画一化を前提にしたのに対して、精神障害者に対する法制は逆に精神障害者は合理的で理性的ではない人間という画一化を前提にしていたといえよう。

1-5　障害者権利条約に対する現行法の対応

日本は2014年に障害者権利条約を批准したが、その後、同条約第12条の要請に対して現行法はどのような対応をしているのであろうか。成年後見制度に対する法制度の変化と意思決定支援の現行法制度下での理解を見ることにする。

1-5-1　成年後見制度利用促進法

成年後見制度に関して日本では2016年に成年後見制度利用促進法を制定した。同法は、「認知症、知的障害その他の精神上の障害があることにより財産の管理又は日常生活等に支障がある者を社会全体で支え合うことが、高齢社会における喫緊の課題であり、かつ、共生社会の実現に資すること及び成年後見制度がこれらの者を支える重要な手段であるにもかかわらず十分に利用されていないことに鑑み、成年後見制度の利用の促進について、その基本理念を定め、国の責務等を明らかにし、及び基本方針その

他の基本となる事項を定めること等により、成年後見制度の利用の促進に関する施策を総合的かつ計画的に推進することを目的とする」（同法1条）と定めている。すなわち、この法律は成年後見制度が高齢者や障害のある人を支える重要な手段でありながら十分に利用されていないという認識を前提としてその利用を促進するための法律として制定されている。もっとも、同法3条1項は、「成年後見制度の利用の促進は、成年被後見人等が、成年被後見人等でない者と等しく、基本的人権を享有する個人としてその尊厳が重んぜられ、その尊厳にふさわしい生活を保障されるべきこと、成年被後見人等の意思決定の支援が適切に行われるとともに、成年被後見人等の自発的意思が尊重されるべきこと及び成年被後見人等の財産の管理のみならず身上の保護が適切に行われるべきこと等の成年後見制度の理念を踏まえて行われるものとする」とも規定して「意思決定の支援」や「自発的意思が尊重されるべきこと」も求めている。しかし、意思決定の支援や自発的意思の尊重の具体的な方法についてはまったく規定していない。自己決定権の行使を制限して自己決定権を尊重するという矛盾した要請を成年後見制度がどのように調整するのかについて、この法律は何らの解決策も定めていない。

1-5-2　意思決定支援に言及する法律

　意思決定支援という言葉は、障害者権利条約批准前後から障害者福祉関係の法律にも定められるようになってきた。障害者基本法23条、障害者総合支援法42条、51条の22、附則3条、児童福祉法21条の5、知的障害者福祉法25条の3などの条文が意思決定支援についてあらたに規定された。しかし、これらの条項には、支援されるべき「意思」の定義はなく、また、支援の具体的な方法や原則などはまったく規定されていないため、法律の規定としての意味に乏しく、プログラム的な機能にとどまり、運用もまちまちになる可能性が高い。

1-5-3　意思決定支援のガイドライン等

　このように「意思決定支援」の内容が法律で明確に定められていないために、さまざまなガイドライン、提言などが出されている。

　そのいくつかをとりあげると、障害福祉サービスの利用等にあたっての意思決定支援ガイドラインは[9]、「自ら意思を決定することに困難を抱える障害者が、日常生活や社会生活に関して自らの意思が反映された生活を送ることができるように、可能な限り本人が自ら意思決定できるよう支援し、本人の意思の確認や意思及び選好を推定し、支援を尽くしても本人の意思及び選好の推定が困難な場合には、最後の手段として本人の最善の利益を検討するために事業者の職員が行う支援の行為及び仕組み」としている。厚生労働省平成 26 年度障害者総合福祉推進事業の入院中の精神障害者の意思決定及び意思の表明に関するモデル事業では、本人の意思決定・意思の表明の支援者について、非自発的入院に関していえば、本人の話を先入観なく正確に理解してくれ、本人のことをよくわかってくれ、利害関係のない人がその任を担い、寄り添い、一緒に横にいる存在として、入院中に本人が説明を得られない、聞いてもらえないと感じていることに対して、どんな時も、常に本人の立場で、気持ちや状況を理解してくれ、必要に応じて代弁してくれる人であるとしている。日本発達障害連盟によると「意思決定支援とは、知的障害や精神障害（発達障害を含む）等で意思決定に困難を抱える障害者が、日常生活や社会生活等に関して自分自身がしたい（と思う）意思が反映された生活を送ることが可能となるように、障害者を支援する者（以下「支援者」という。）が行う支援の行為及び仕組みをいう」と定義されている（日本発達障害連盟 2016）。日本弁護士連合会は、「意思決定支援とは、その人が『意思決定することができない』という判断をする前に、本人と信頼関係を築いている身近にある支援者や家族等が本人に寄り添い、本人が自分で意思決定ができるように必要な情報をその人の特性に応じて提供し、選択とその結果を見通せるような工夫された説明や体験の機会を作る等を通じて、本人が意思決定をすることが可能とな

るように、様々な『合理的配慮』を尽くす実践の総体である」としている[10]。

　これらのさまざまな意思決定支援の定義に共通しているのは、支援者のかかわりの重要性を意識しながらも、意思を定義せず、また、その構造を明確にしないために、意思と支援の構造が明確化されていない点にある。また、そのために支援の普遍性（ユニバーサル化）を示すことができない点にも問題がある。

　これに対して、以下にみる消費者法や福祉サービス受給契約に関する法的な理論は、現代社会では近代初期の取引社会における財やサービスの取引とは異なる原理が妥当しはじめていることを明らかにしている。これらの法的な理論は成年後見制度の改革のために考えられたものではないが、現代社会においては成年後見制度の妥当すべき領域がむしろ乏しくなりつつあることを示している。また、本人の意思を尊重して支援するさまざま方法は、近代取引社会が取引単位として設定した怜悧で独立した個人の意思に対して、人間の相互依存的な関係の中から意思が形成されることを教えている。以下では、これらの点を分析して、障害者権利条約が求める法的能力の平等性の意義を解明していきたい。

第2節　障害者権利条約による意思と法的能力の再構築への動き

2-1　消費者契約および福祉サービス受給契約と成年後見制度

　現代社会で生活する者は、ほとんどの財やサービスを消費者として購入したり賃借することで生活している。また、障害のある人が必要とする福祉サービスは福祉サービス受給契約に基づいて提供される。したがって、これらの契約に成年後見制度が適合的でないとすると、障害のある人の行為能力をあえて制限してまで成年後見人を選任する意味は極めて乏しいものになる。しかし、消費者契約は障害に特化しない消費者の脆弱性に着目した普遍的（ユニバーサル）な救済方法を発展させている。また、福祉サ

ービス受給契約は成年後見制度が前提にする利害得失の確保に鎬を削って交渉をする近代社会の取引とは異なる原理に基づいているために成年後見制度が適合する契約ではない。現代社会における契約の発展は、期せずして成年後見制度が活躍すべき舞台を喪失させている。

2-1-1　消費者法のユニバーサルな救済 [11]

（i）脆弱性スペクトラム

　日本でも 1970 年代以降、消費社会が到来すると、消費者の利益を保護するための法改正（1972 年割賦販売法改正）や新たな法律（1976 年訪問販売法、1978 年無限連鎖講防止法、1983 年貸金業法など）が相次いで制定されるようになった。

　消費者法の前提とする人間像として、近時、提示されるようになってきたのは、「消費者の脆弱性」（European Commission; "Consumer vulnerability across key markets in the European Union"）である [12]。消費者の脆弱性は、事業者に対する消費者の情報量と交渉力の相対的劣位性のほかに、インフォーマルな関係を含む社会的な支援の状態、事業者の消費者に対する対応の仕方、消費者自身の経済生活や日常生活の状態、心身の状態などによってさまざまであるが、脆弱性の程度は異なるもののどの人にもあるものであり、また、同じ人でも時期や状況、年齢などによって異なるものである。したがって、脆弱性はあるかないかに二分できるものではなく、むしろスペクトラム（連続体）をなしているものであり、消費者法は人間の脆弱性スペクトラムに着目していると言ってもよいであろう。

　利害得失の合理的な判断力がある人間像に代えて脆弱性スペクトラムの中に人間を位置づけると、成年後見制度や医療保護入院制度のような二分法による選別をする法制度ではなく、脆弱性の状態に対応したさまざまなユニバーサルな法的対応を考案する余地も生まれてくる。こうした観点から、以下に現行消費者法の基礎的な法理を見ていくことにする。

（ⅱ）消費者法の法理

a. 状況の濫用法理

　状況の濫用法理とは、特別な状況によって契約をしようとしている者に対して、契約の相手方が、そのことを知りまたは知りえ、その認識しうる事情からすれば当該契約を思いとどまらせるべきであるのにもかかわらず、当該契約をするように働きかけて契約を成立させた場合に契約の取り消しを認める法理である[13]。過量契約の取消権（消費者契約法4条4項）は「通常の分量等（消費者契約の目的となるものの内容及び取引条件並びに事業者がその締結について勧誘をする際の消費者の生活の状況及びこれについての当該消費者の認識に照らして当該消費者契約の目的となるものの分量等として通常想定される分量等）」を著しく超えているという外形的要素を意思形成過程の歪みの兆表とみて、そのことを知りながら勧誘を行って契約を成立させた場合に契約の取り消しを認めており、状況の濫用法理に基づく実定法の現れとみることができる[14]。

b. 非良心的取引の法理

　非良心的取引の法理とは、契約当事者間に何らかの意味での不均衡・不平等・格差が生じている場合に、そうした「境遇から生じた力を非良心的に用いること（unconscientious use of power arising out of circumstance and condition）」を指すとされ、英国法にみられる法理である。事業者が消費者の無経験や無思慮、孤立化などにつけ込んで契約を強いていく場合に適用することができる法理である。また、この法理は不均衡・不平等・格差が生じている状況や条件を解消するために事業者が助言などを行わなかった場合は非良心的であったと認定することによって、事業者に合理的配慮に類似した平等化配慮義務を認めるのと同じ効果を期待することができる（菅 2018, 163-167）。

c. 攻撃的な行為の法理

　攻撃的な行為の法理とは、ハラスメント、強制力、不当な影響力の行使によって、平均的な消費者の選択の自由や行動の自由を大きく

（significantly）歪め、あるいは歪めるおそれのある行為であって、それがなければ契約をしなかったであろうと思われる契約内容の意思決定をさせ、あるいはさせるおそれのある行為によって契約した場合に消費者側にその契約からの離脱を認める法理である（菅 2018, 8）。現行法では不招請勧誘行為や不退去・退去妨害による困惑類型（消費者契約法4条3項）は契約の相手方の行為によって合理的な判断に基づく選択が阻害される類型と理解することもできるのでこの法理との共通性がある。もっとも、消費者契約法の「困惑類型」については、この類型を拡張して「判断力や知識・経験の不足、不安定な精神状態、断り切れない人間関係など合理的な判断を行うことができないような事情」を利用して契約をさせられた場合を含め、契約の相手方の行為よりも本人側の事情に着目して困惑類型を拡張していく方向性が検討されている[15]。困惑類型の拡張の方向性については、その保護法益を私生活の平穏やプライバシーの保護と考えて、不招請勧誘も困惑類型に含めていくことが一つの方向性として考えられる（後藤 2010）。しかし、同類型が程度の差はあれ困惑を生じさせるような契約の相手方の行為（私生活の平穏を乱す行為）を前提要件とするのであれば、むしろ、そうした行為を前提とせずに、合理的な判断ができない事情につけ込む場合を別個の類型として樹立すべきであるとする見解もある（宮下 2018）。困惑類型について、消費者契約法専門調査会では、①当該消費者がその生命、身体、財産等についての損害・危険に不安を抱いていることを知りながら、当該消費者契約の目的となるものが当該損害・危険を回避するために必要であると正当な理由がないのに強調して告げること、②消費者と事業者または勧誘者との間に、消費者の意思決定に重要な影響を与えることのできる緊密な関係を新たに築いておき、契約をしないとその関係を維持できないと告げることを追加することが提案されているが、それでも判断力の不足等を不当に利用して、不必要な契約や過大な不利益をもたらす勧誘には対応できないとの指摘もある。そうした場合について、「当該消費者の年齢又は障害による判断力の不足に乗じて、当該消費者の生活に不必要な商

品・役務を目的とする契約や当該消費者に過大な不利益をもたらす契約の勧誘を行い、その勧誘により当該消費者契約の申込み又はその承諾の意思表示をしたときは、これを取り消すことができる」などの規定を置くことの提案もなされている。

　d. 情報提供義務・助言義務の法理

　情報提供義務は契約を締結する際に重要な事項に関する情報を当該契約の相手方に提供すべき義務であり、助言義務は当該契約が本人にとって結果として有益なものかどうかという評価に関する情報を提供する義務である。情報提供義務は情報格差を是正して情報劣位者の契約の自由を保護することを主要な根拠とするのに対して助言義務は契約の相手方の専門性に対する信頼に基礎を置いたより積極的な支援義務であるとされる（後藤2010, 332-337）。消費者契約法 3 条 1 項は情報提供等に関する事業者の努力義務を定めており、情報の不提供が同法 4 条 1 項および 2 項の「誤認」の認定を導く重要な要素になると解される。金融商品の販売等に関する法律 3 条、5 条、6 条、金融商品取引法 37 条の 3 にも説明義務に関する定めがなされている。情報提供義務について契約の相手方となる消費者の個別の情報量やその理解の程度に応じた情報の提供と説明の義務があるとすれば、障害のある人が取引の犠牲にされる可能性を軽減することが期待できる。さらに、事業者の助言義務を認めることができれば、さらにその可能性を軽減することが期待できる。障害のある人が置かれている社会的に平等性を欠いた立場を公平化していくための合理的配慮義務と契約的公正を確保しようとする契約法理から個別的な事情に応じた契約上の説明および支援の義務を認めることによって、成年後見制度などによることなくユニバーサルな形で不都合な契約の回避と離脱の手段を構成することができるものと考えられる。

　e. クーリング・オフ

　クーリング・オフ（特定商取引に関する法律法 9 条、48 条、割賦販売法 35 条の 3 の 10 など）は、すでに締結した契約について一定期間、契約的拘束

から離脱する余地を残すことによって、未成熟な意思表示による契約の当否をふり返り熟慮する時間を与える制度と考えることができる。そのように考えると、民法が表示上の効果意思を固定的で静止したものと理解するのに対して[16]、現実の人間の意思形成の流動性や時間性を反映した制度ということができる。

（ⅲ）消費者法理のユニバーサル化

　以上のような消費者契約の法理は実定法の規定としては不十分な状態にとどまっているが、これらの法理が発展することによって消費者取引市場に登場する可能性のある人については、成年後見制度によらず、消費者法によってユニバーサルな解決の道が開かれることが期待される。

2-1-2　契約における「意思」の重要性の低下（制度的契約へのパラダイム転換[17]）

　障害のある人がかかわる福祉サービスの受給契約については、個人の意思の位置づけを伝統的な民法の個人意思自治の考え方とは変えるべきではないかということが論じられている。

　福祉サービス受給契約は、古典的な取引的契約のように契約当事者が自己の利益の最大化を目指してその才覚を発揮して個別に交渉を行うことで契約内容が定まっていく契約ではなく、障害者総合支援法に基づき、給付の量と内容が市町村の判定と決定により定まり（同法 20 条ないし 22 条）、障害のある人はそれを前提にして、適宜、個別事業者と福祉サービス受給契約を結ぶものである。すなわち、福祉サービス受給契約に基づく給付の内実になるサービスの内容と量は、障害支援区分（同法 21 条）および介護を行う者の状況、本人の置かれている環境、本人等の意向などを前提にして指定特定相談支援事業者が作成するサービス等利用計画案を踏まえて市町村によって決定される（同法 22 条 1 項ないし 7 項）。同法に基づく支給決定の申請（同法 21 条）をした障害のある人には、上記の支給決定に基づいて支給量その他の事項が記載された障害福祉サービス受給者証が交付され

る（同法22条8項）。指定特定相談支援事業者は、支給決定後にサービス担当者会議を開催し、サービス事業者等との連絡調整を行ってサービス等利用計画を作成し（同法5条22項）、利用者はそれに沿って個別事業者と受給者証に基づいて契約をすることが原則になっている（同法29条2項）。さらに、サービス等利用計画は一定期間ごとに利用の状況および本人の心身の状況や環境、意向、その他の事情を勘案して見直して、計画の変更、関係者との連絡調整、必要な場合はあらたな支給決定や支給決定の変更を奨励することも行われる（同法5条23項）。このように福祉サービス受給契約においては、個別の契約当事者による交渉と契約内容の形成およびその結果として契約内容を契約当事者の意思が満たし支配しているという古典的な取引的契約の原理は当てはまらない。

「可能な限り当事者の意思によって財やサービスの給付にかかわる権利義務関係をコントロールしようとする契約を『取引的契約』と呼ぶ」のに対して「個別の当事者の意思が支配する領域は限られており、当事者の意思の外に存在している財やサービスの給付に関する仕組みの全体を視野に入れないと理解できない」契約を「制度的契約」として、古典的な契約のパラダイム（交渉と合意）とは異なる特質を抽出することができるとされている（内田 2010, 62-64）。制度的契約の概念をどこまで一般化できるかについては議論がありうるが、福祉サービス受給契約は制度的契約の構造と特質を有しており、古典的な取引的契約のパラダイムを前提とすべきでないことが明確になる。

福祉サービス受給契約においては、各人のニーズを把握しそれに応じた給付を満たすことは必要であるが、個々の契約当事者（成年後見人が代理する場合を含む）の交渉の巧拙によって個別に合意内容に損得の差異が生じることはむしろ正義公平に反すると考えられる（個別交渉排除原則）。したがって、契約内容の適正化は当事者の契約交渉以外の方法で確保する必要があり、受給資格のある者には差別なく平等に財やサービスが提供されるための当事者の意思を超えた原理（締約強制、平等原則、差別禁止原則）

が求められる。また、提供されるサービスは障害者総合支援法などの法令の規定内容やそれに基づく行政的な決定手続によって規定されることになるので、財やサービスの受給者または受給者になりうる者の利益代表者が関係法令と決定のあり方についてコントロールするための参加の機会が確保されていること（参加原則）、給付の内容や手続の透明性と説明責任の明確化（透明性原則、アカウンタビリティ）などが必要になる。

　制度的契約において当事者の意思が実質的に機能するのは契約をするか否かと契約を終了させるか否かであるとされるが、福祉サービスは障害のある人の生活と人生を支えるために必須のサービスであるから、契約をしないことや契約をやめるという選択肢は実際上ないに等しい。また、必要とされるサービス内容はサービス等利用計画において定まっている。その計画に本人の意向を反映させることは重要であるが、それ自体は法律行為ではないから成年後見人の本務ではない。また、本人の生活や人生にかかわってこなかった弁護士や司法書士などの職業成年後見人は本人の意向を代弁するものとして適任でもない。ここで重要なのは、古典的な取引的契約のパラダイムを前提として財産管理に関する法律行為を本務とする成年後見制度を福祉制度に流用することではなく、本人の視点からその生活と人生に重要なことを本人に助言したり、本人とともに発言する権利擁護者としてのアドヴォケートを配備し[18]、本人を支える身近な社会的ネットワークの再構築を図ることである。さらに、本人が利用する福祉サービスを組み立てていくためには、サービス担当者会議が本人を中心に置いて民主的に運営されるためのルールと仕組みを作り上げることが必要である。

　社会福祉の基礎構造を措置から契約に転換することの理念的な目的は、措置制度の下で無視されてきたサービスを受ける者の自己決定権を復権させることであり、契約方式をとることがその手段として採用された。しかし、契約方式を取ればそれだけで自己決定権が保障されるというものではない。まして、自己決定権の制約を伴う成年後見制度を福祉サービス受給契約の有効性や法的安定性を確保するために活用するのは背理であり本末

転倒である。それだけでなく、成年後見制度のような個別の取引行為における利害得失を守る制度は、福祉サービス受給契約に外在する支給決定の仕組みや計画相談のあり方を含めた権利擁護を果たすことができない。

　2000年の成年後見制度の改正は、高齢者に対する介護保険法の適用により、福祉サービスを受けるために契約が必要になることに対応することが大きな立法動機となっていたが、そもそもこの種の契約を民法が前提にする取引的契約と同視して成年後見制度を利用しようとしたことが誤りであり、それを障害福祉分野にまで拡張したことによって、法的能力による差別を拡大することになってしまった。

　医療に関する契約においても成年後見人に治療同意権を与えるべきではないかが論じられているが、治療契約も健康保険制度を前提とする契約関係であるから、取引的契約とは異なる制度的契約の1つと考えられる。したがって、治療契約についても患者のアドヴォケートは必要であるが、成年後見制度を流用することは問題の解決に適さないと考えられる。また、提供される医療の最適化と水準の向上は自由競争市場に委ねる問題ではなく、患者の健康の権利と尊厳を守る観点から個別の治療契約を超える準則によって規律すべき問題である。この点でも取引的契約と成年後見制度のパラダイムは治療契約には適合的でない。福祉サービスの最適化と水準の向上についても同様に考えられる[19]。

2-2　意思と支援の構造を解明する手掛かりになる国内の実践

2-2-1　オープンダイアローグから見た意思と対話

　法的能力の前提になる人の意思と支援の構造を理論的にも実践的にも明らかにする手掛かりを示すものとして、日本国内ではフィンランド由来の理論と実践をとりいれたオープンダイアローグの実践がある。

　オープンダイアローグは精神障害のある人の治療実践としてフィンランドで始められ、統合失調症の発症初期の急性期状態に目覚ましい効果がある治療方法として注目されている。2016年にはオープンダイアローグネ

ットワークジャパンが設立され、近年、多くの翻訳書や解説書も出版されている[20]。オープンダイアローグは、精神障害のある人が妄想や幻聴などに襲われているときに治療チームが、毎日、本人の生活している場所に訪問して、対話（ダイアローグ）を続けていく治療方法であり、薬物療法は否定しないものの、補助的な位置づけしか与えられていない。

　オープンダイアローグの基礎にあるのは、ミハイル・バフチンの理論である[21]。バフチンは、人間は対話的存在であり、人の考え方や意思というものは、あらかじめ人の精神の内側に備わっているものではなく、対話が繰り広げられていくなかで対話者間に形成されていくものだという。すなわち、「意識は組織された共同体内での社会的コミュニケーションの過程で生まれる記号としての事物に媒介されて、はじめて形成され、客観的に実在するようになるものです。個人の意識は、記号に養われ、記号によって成長し、自らの裡に記号の論理と記号の規則性とを映しているものです」という。ここで記号とは「自らの外にあるものの表象となり、描写となり、その代理となっているもの」であり、「個人と個人との狭間の領域にのみ生じ……（記号が発生するには少なくとも）二つ（以上）の個体が社会的に組織され、一個の集団・共同体を形成している必要があり……共同体を形成してはじめて、個体間にも記号を用いる環境が形成され」るという（バフチン 1980, 20-21）。言語は記号の中でもっとも分節化し発達したコミュニケーション手段であるが、それ以外の生体の反応にも記号としての意味を見いだすことができ[22]、さまざまな記号によって共同体内での対話がなされ意思が形成されるということになる。

　また、國分功一朗はオープンダイアローグに関連して、意思は実体としての精神作用として存在しているのではなく、むしろ、「意思は西洋文化においてはもろもろの行為や所有している技術をある主体に所属するのを可能にしている装置」であり[23]、「選択は過去の要因の総合として、あるいは、諸々の要素の相互作用の結果として出現する中動態的現象だが、意思はこれらの要因や要素から切り離され、能動的に何ごとかを始める能力と観念

されており、何らかの行為を自ら開始したと想定されるとき、その人にその行為の結果が帰属することになる。逆に、当該行為の結果を特定の者に帰属させるべきであると考えられる場合に、その行為が意思に基づいたものとされる」と分析している（國分 2017）。すなわち、われわれが個人の内面にある「意思」と考えてきたものは、個人の内面の精神活動そのものではなく、行為に基づく権利義務を帰属させるために社会が作り上げた社会的構築物であるということである。法的能力は社会的構築物である意思をあたかも人間個人の精神機能であるかのようにみなし、その上に法的能力を制度的にさらなる社会的構築物として作り上げたものということになる。

　しかし、ここで問題なのは意思と法的能力が社会的構築物であるというそのこと自体ではなく、そうした構築物の中に差別的な観念と構造が練り込まれていることである。すなわち、意思と法的能力は、理性的で合理的な判断ができる人を範型として構成されているが、すでに見たようにそうした範型自体が歴史的社会的現実と乖離し、人間の脆弱性という現実からも遊離したものになっている。さらに、オープンダイアローグとバフチンの理論が示すように、人は対話によって意識を形成し、精神活動を行うことができる存在であり、それが欠け孤立化し疎外化されることは、人としての存在の危機となるということである。理性的で合理性があり熟慮された判断ができているように見える人は、実はその人個人に高い精神的能力が備わっているのではなく、充実した対話の機会を持っていることの反映である。

　障害者権利条約の「平等及び無差別に関する一般的意見第 6 号」は、「障害の人権モデルは、障害（disability）は社会的構築物（social construct）であり、機能障害が人権の否定又は制限の正当な理由とされてはならないことを認める」としている[24]。disability が社会的構築物であるということは、ability も社会的構築物であり、考える能力や判断する能力も当然のことながら社会的構築物になる。それらは対話という優れて社会的な関係に基づくものである。社会参加の機会を十分に与えられている障害のない人々は、その機会に形成されたネットワークの対話的関係によ

って考えたり、判断する力を得ている。しかし、社会的構築物としての意思と法的能力は、その事実を捨象して個人の内在的能力として構築されているところに差別を内包していることになる[25]。

　なぜなら社会は知的障害や精神障害のある人たちには十分な社会参加の機会を与えず、むしろ、それらの人々を社会から排除して、対話形成の基礎を奪って対話による意思形成を困難にさせている一方で、社会的基盤からの疎外に基づいて生じた判断能力の見かけ上の低下を個人の判断能力の低下とみなしているからである。成年後見制度はこうした判断能力の個人モデルを前提として、そうした人たちの行為能力を制限して自己決定を制約する制度であるから、差別の上に差別を重ねた制度ともいえる。同様に対話形成の基礎を奪っておいて、判断能力が欠けているとして代諾による強制入院の対象にすることも二重の差別性を内包している制度ということになる。

　それにしても意思にとって対話が本質的な構成要素であり対話のないところに意思は存在しないはずであるのに多くの人々はなぜ個人の内側に不動の世界観や価値観があり、それに基づいて人は合理的に判断して行動する存在であるという信念を抱いてきたのだろうか。これについて山崎正和は『柔らかい個人主義の誕生――消費社会の美学』（中央公論新社、1987年）の中で、

　　「これまで、個人主義といへばその内容は強い信条だと考へられ、眼
　　に見える組織にたいする、あるいは、見えないシステムにたいする不動
　　の『帰依』のことだ、と理解されてきた。自己を厳しく限定し、それを
　　変らぬものとして維持し続ける力が自我の中核であり、その強さにお
　　いて他人と競争するものが個人の個性だ、といふのが長いあひだの常
　　識であった。その背後にはおそらく一神教的な信仰の影響があったこと
　　は事実であらうが、しかし、この常識をいやがうへにも強化したものが、
　　あの産業化時代の生産の原理であったことは疑ひない。生産という極度

に目的志向的な営みが人間を役割として固定し、共同目的への『帰依』
　　を強く要求したことが、社会全体の雰囲気を決定したと考へられる。そ
　　こでは、一般に『一貫性』といふことが自己の存在証明とみなされ」

たという。山崎は、近代化の一つの指標は「国家が目的志向集団に変わる
こと」であり、国民が「一箇の具体的な課題の下に結集するやうになる」
ことであるとして、日本人は明治以降、国家的な目的と産業社会での生産
システムに帰依するように習慣づけられてきたとしている。山崎は 1970
年代以降の脱産業化社会と消費社会の到来により、こうした個人主義や自
我の理解が変化していくことを分析しているが、民法や精神保健福祉法が
前提とする「人」は消費社会到来前の旧来の個人主義と自我のあり方を前
提にしていたといえ、前述した消費者法の発展と消費者の脆弱性スペクト
ラムの析出は 1970 年以降の社会経済構造の変化に伴う個人主義と自我の
変容に照応しているものと思われる。

　個人の内面に不動の信念や価値観があらかじめあるわけではなく、意思が
対話に基づいて形成されていくものであるとすることは、精神障害や知的障
害のある人に対する意思決定の支援が、それらの人々に対する特殊な支援で
はなく、むしろ、人間がものを考えたり判断するときに普遍的に必要とされ
るものであることを意味している。したがって、オープンダイアローグの基
礎理論は差別的に構築された意思とそれを前提とした支援のあり方を差別
のないユニバーサルなものにしていく点で重要な意義を持っている。

　2-2-2　国内のその他の実践
　オープンダイアローグに類似した国内的な実践として、北海道浦河町に
あるベテルの家の当事者研究（斉藤 2010; 石原 2013; 向谷地・浦河べてるの家
2018）、東京都多摩市にある、たこの木クラブの重度知的障害のある人に
対する支援方法、ニュージーランド由来のファミリーグループカンファレ
ンス（NPO 自律支援センターさぽーと）[26] などさまざまな実践や研修が行わ

れている（自律支援センターさぽーと 2016）。

　こうした実践に共通して見られるのは、本人のために対話の輪を作り対話の中から意思が形成されていき、その実現のためにさらに対話に参加している人々が未来の実現のための役割を対話しつつ行っていくことである。

おわりに——意思の社会モデル化への方向性

　意思は対話によって形成されるものであり、対話は人と人の社会的なネットワークあるいは大小さまざまな共同体（コミュニティー）内のコミュニケーションとして取り交わされるものであるとすると、共同体から排除され孤立した状態に置かれると、人の意思形成は困難になり脆弱なものとなる。日本でもオープンダイアローグの研究と実践から意思の構造が再検討されはじめ、それはあらゆる人にとって対話的な支援が意思形成と熟慮された判断を支えていることを教えている。そのことは精神障害や知的障害あるいは重度の自閉や発達障害のある人の意思決定の支援が「判断能力の不十分な人」に対する特殊な支援ではなく、誰にとっても必要な対話の方法の工夫と程度の問題であり、人間にとって普遍的に必要な支援であることを教えている。

　日本は欧米に比べると成年後見制度の利用率が低いが、本書の他のアジア諸国に関する論考が述べているように、他のアジア諸国ではさらにその利用率が低い。この現象は契約社会の発展の程度によるとも考えられるが、共同体（コミュニティー）の崩壊の程度、あるいは、ハーバーマスの言葉をかりれば生活世界の植民地化[27]の進行の程度にもよるのではないかと考えられる。伝統的な共同体（コミュニティー）が機能しており、家族や親密圏の人々の間にコミュニケーションが息づいている社会では、その中でバランスの悪い判断を修正したり、日常生活に必要な事柄を処理していくことが支えられている。他のアジア諸国では日本におけるほど伝統的な共同体（コミュニティー）の崩壊が進行していないのではないだろう

か。そして、このことはむしろ、近代西欧起源の個人モデルを前提にする成年後見制度および法的能力概念に対してアジア諸国から共同体（コミュニティー）モデルあるいは社会モデルを前提にする支援および法的能力概念を提示する可能性を予示しているようにも思われる。障害を社会モデルで把握し社会的構築物と捉える障害者権利条約の考え方は、裏を返せば能力を社会モデルで把握し社会的構築物と捉えることを求めていることになる。従来は、意思や判断能力は個人に備わったものと西欧由来の観念で考えてきたが、それらはいずれも共同体（コミュニティー）の人々の対話的な関係を基礎とするものであるから、意思決定や判断能力の支援は共同体（コミュニティー）の対話的な関係を充実させ、そこへの参加を保障することによってはたされなければならない。障害者権利条約第19条が第12条と密接な関係にあるとされるのはそのためである[28]。

　もっとも、日本においては、家父長制の残滓や障害のある人の立場が家族や共同体内で十分に守られていない実情などを考えると、対話的な関係の中にも社会的な従属化構造が含まれてしまうことは十分に考えられる。オープンダイアローグにおいてもハーバーマスの生活世界における対話においても、コミュニケーションの前提にしなければならないのは他者の発言を傾聴し尊重する民主的な対話を守ることである。したがって、対話的な支援を行っていくためには本人の声がかき消されてしまうことがないように対話の輪を作っていくことが重要な課題となる。

　消費者法によるユニバーサルな解決方法の発展と制度的契約における利害得失を見極めるための契約当事者の意思の意義の低下は法的能力の差別化を不必要で無意味なものにしていく可能性を示している。さらに、欧米先進国に比べると伝統的な共同体（コミュニティー）が残っているアジア諸国とその崩壊が相当程度進んでいる日本において、伝統的な共同体の支援力を維持あるいは復権しながら、民主的な対話を行なえるための仕組みを加えていくことが、今後の法的能力の平等化と意思決定支援のあり方として期待される。

〔注〕

1 準禁治産者には、聾者、唖者、盲者が含まれていたが、1980 年に削除された。また、婚姻した女性の行為能力は準禁治産者と同様に制限されていたが、同条項は 1947 年に廃止された。

2 精神衛生法は同意入院のほかに自傷他害のおそれを要件とする措置入院（同法 29 条）も定め現行法にも引き継がれている。

3 障害者権利条約一般的意見第 1 号（CRPD/C/CG/1, 2014）。

4 ペルー、コロンビアをはじめとするスペイン語圏諸国では成年後見制度および非自発的入院制度の全面廃止の法改正の動きが活発化している。

5 また、村上（2010）は、能動主義、手段的合理主義、個人主義の 3 つの価値観が産業社会を支配した価値観であったとしており、近代の法的人間像はこうした価値観に基づいているものといえる。

6 ラートブルフ（1962, 10）は、社会法の出現について「人間は、かならずしもつねに、自己の利益を看知し、または看知した利益を追求しうるとは限らないし、またかならずしもつねに、その利益、ただそれだけによって動かされるとは限らない。それゆえ、無経験とか、困迫、軽率といったようなすべての場合においては、もっぱら狡猾にして自由かつ利己的な人間を対象として作られた法は、それとは性質を異にする人々を破滅に導かずにはおかなかったのである」として、近代から現代への法的人間像の変遷と社会法分野の展開を説明している。

7 同意入院における保護義務者の同意（精神衛生法 33 条）、現在では医療保護入院における家族などの同意（精神保健福祉法 33 条）の法的性質が代諾であるかどうかには争いがあり、不必要な入院を阻止したり、家族として自宅で療養をさせる可能性を残すという意味で人権保障的な役割があるとする見解もある。しかし、保護者が治療を受けさせる義務を負わされ、医師の指示に従う義務も負わされ（精神衛生法 22 条、精神保健福祉法 22 条）ていたことからすると、保護者（1993 年法改正で「保護義務者」は「保護者」に改められた）は人権保障よりも医療への協力を果たすべき存在であり、権利擁護者ではない。なお、保護者制度は心神喪失者等医療観察法では存続している。

8 保護者制度の廃止に伴い医療保護入院の保護者の同意は「家族など」の同意に改正され、代諾制度は存続している。

9 障発 0331 第 15 号平成 29 年 3 月 31 日、厚生労働省社会・援護局障害保健福祉部長。

10 日本弁護士連合会「総合的な意思決定支援に関する制度整備を求める宣言」2015 年 10 月 2 日（https://www.nichibenren.or.jp/library/ja/civil_liberties/data/2015_1002_01.pdf）。

11 消費者法と成年後見制度については、熊谷（2011）300 頁以下を参照。

12 菅（2018）は、消費者脆弱性を多面的・複合的なものであり、属人的な要素と外部環境の相互関係によって脆弱性が助長されたり抑制されたりもする点で、障害の社会モデルと通じる面があり、属人的要素を基に考えていくと普遍性を欠いた差別的な法律になるので、状況的要素から脆弱性を位置づけることが重要であることを

指摘している。

13 オランダ民法 44 条に実定法の例がある（山本 2008, 109 頁以下；後藤 2013, 59 頁以下；大村 2011, 113 頁以下）。

14 消費者契約法に先立って、特定商取引に関する法律（以下「特商法」）9 条の 2、割賦販売法 35 条の 3 の 12 にいわゆる過量販売解除権等が定められている。これらの規定の理解の仕方について、さしあたり熊谷（2011, 405）、菅（2018, 154）、後藤（2013, 58-59）参照。

15 消費者委員会消費者契約法専門調査会（2015；2017）の各第 2 の 2 項参照。

16 民法では、意思表示は、19 世紀当時のドイツの心理学を参考にして、人間の内心に一定の法律効果の発生を意欲する内心的効果意思があり、それを外部に表示する表示意思、そして、外部に表示された表示上の効果意思があるとされる。しかし、こうした意思は静的に捉えられており、時間的な変化や流動性はむしろ法的安定性を損なうものとして排除される。

17 内田（2010）参照。

18 アドヴォケート（advocate）は、代弁者あるいは権利擁護者などと訳されるが、原義は援助を求められた者（to=ad, call=vocare one's aid）という意味とされ（Oxford Dictionary of English）、本人の権利や主張を支援し補強する役割を果たす者を広く含んでいる。飯村（2019）は、福祉サービスにおけるニーズの個別性に基づく支援計画には成年後見制度は適合的でなく、むしろ本人を取り巻く多様なアドボカシー機関などとの関係性の中で権利擁護を図る方向を模索すべきという。

19 池原（2020a, 82-83；2020b, 110-116）参照。

20 さしあたり、セイックラ・アーンキル（2016）、齋藤（2015；2019）、井庭・長井（2018）参照。

21 バフチン（2002；2013）、桑野（2011）、田島（2019）参照。

22 バフチンは、生体の活動あるいはその過程の全てが心理の記号になりうるとし、「呼吸、血液循環、身体の動き、調音、内的発話、顔面の動き、外部からの刺激、たとえば光にたいする反応などです。一言で言えば、生体のうちにおこるすべてのことが経験を表現する記号となりうる」と指摘する（バフチン 1980, 60）。

23 國分によるアガンベン（2016）からの引用（國分 2017）。

24 CRPD/C/CG/6 2018, para.9.

25 國分功一朗は、意思の概念によって行為を主体に帰属させることが可能になることを「行為の私有財産制」としている（國分 2018, 26）。意思も行為も社会的な支援の賜物であるのに、近代社会は、その関係を捨象してすべてを個人の獲得物として私物化したという意味で意思と行為を「私有財産化」したということができよう。

26 ファミリーグループカンファレンスの基礎理論にはユルゲン・ハーバーマスの生活世界の植民地化の理論がある（ハーバーマス 1987）。ハーバーマスによれば、生活世界では、さまざまな事柄は対話あるいは討議によって考えられ決定されていくが、現代社会では生活世界が権力と貨幣によって植民地化されていき対話が失われていく現

象が見られる。権力は法制度のように法定の要件に当てはまれば機械的に効果が生じるシステムであり、そこには対話は必要とされない。また、物々交換の時代には物の価値を交渉して対比しながら交換をしなければならなかったが、それぞれの物に貨幣による金額が定まっていれば交渉の必要がなく対話なしに自動販売機に硬貨を投入して商品を買うように経済活動が進むことになる。DV（ドメスティックバイオレンス）や児童虐待の問題についても公的機関の法的介入がシステム化されるとインフォーマルな生活世界が持っていた対話による解決は劣後した位置づけになり、虐待防止法の要件に該当していれば公的介入が行われ被虐待児の家族からの分離などを行うという解決方法になる。インフォーマルな社会が弱体化していくと公的介入による解決が第一次的なものとなり、それによっていっそうインフォーマルな社会の対話による支援力は必要性と力量を失っていくことになる。ファミリーグループカンファレンスは生活世界が持っていた対話による支援力を復権させ、生活世界を維持して対話による問題解決をはかる機能が期待されている。

27　注26参照。

28　障害者権利条約一般的意見第1号（CRPD/C/CG/1, 2014）。

〔参考文献〕

〈日本語文献〉

ジョルジュ・アガンベン（著）上田忠男（訳）2016『身体の使用——脱構成的可能態の理論のために』みすず書房

飯村史恵（編）2019『意思決定支援を基盤とする福祉契約の研究——地域における新たな権利擁護システムの構築』（平成28年 - 30年度科学研究費助成事業報告書16K04202）立教大学

池原毅和 2020a『日本の障害差別禁止法制　条約から条例まで』信山社

―――― 2020b「精神保健福祉法の医療基本法（仮称）への統合的解消と治療同意の意味」高岡健（編）『隔離・収容政策と優生思想の現在』批評社, 108-116

石原孝二（編）2013『当事者研究の研究』医学書院

井庭崇・長井雅史 2018『対話のことば——オープンダイアローグに学ぶ問題解消のための対話の心得』丸善出版

岩橋誠治 2014「成年後見制度が整ったとしても「市内後見」という妄想から個々の当事者の意思決定を考える」『福祉労働』143, 現代書館

―――― （共著）2008『良い支援？——知的障害／自閉の人たちの自立生活と支援』生活書院

内田貴 2010『制度的契約論——民営化と契約』羽鳥書店

大村敦志 2011『消費者法』（第4版）有斐閣

熊谷士郎 2011「成年後見と消費者契約法」新井誠・赤沼康弘・大貫正男（編）『成年後見法の展望』日本評論社, 390-410

桑野隆 2011『バフチン——カーニヴァル・対話・笑い』平凡社

國分功一郎 2017『中動態の世界——意志と責任の考古学』医学書院

──────── 2018「〈する〉と〈させる〉の境界、あるいは人間的自由の問題」（たばこ総合研究センター（編著）『談──意志と意志の外にあるもの…中動態・ナッジ・錯覚』no.111, 水曜社

後藤巻則 2010「わが国における不招請勧誘規制のあり方」『現代消費者法』No.9

──────── 2013『消費者契約と民法改正』弘文堂

齋藤 環（著・訳）2015『オープンダイアローグとは何か』医学書院

──────── 2019『オープンダイアローグがひらく精神医療』日本評論社

斉藤道雄 2010『治りませんように──べてるの家のいま』みすず書房

消費者委員会消費者契約法専門調査会 2015「消費者契約法専門調査会報告書」（平成27年12月）

──────── 2017「消費者契約法専門調査会報告書」（平成29年8月）

特定非営利活動法人自律支援センターさぽーと 2016「強制と支配のない社会へ──自己決定を問いなおす」（同法人冊子）

ヤーコ・セイックラ／トム・エーリク・アーンキル（著）高木俊介ほか（訳）2016『オープンダイアローグ』日本評論社

菅富美枝 2018『新消費者法研究──脆弱な消費者を包摂する法制度と執行体制』成文堂

田島充士（編著）2019『ダイアローグのことばヤビンスキー論から読み解くバフチンの対話理論とモノローグのことば』福村出版

寺本晃久・岡部耕典・末永弘・岩橋誠治 2015『ズレてる支援！──知的障害／自閉の人たちの自立生活と重度訪問介護の対象拡大』生活書院

日本発達障害連盟 2016「平成27年度障害者総合福祉推進事業意思決定支援のガイドライン作成に関する研究」

向谷地生良・浦河べてるの家 2018『新・安心して絶望できる人生──「当事者研究」という世界』一麦出版。

ユルゲン・ハーバーマス（著）丸山高司ほか（訳）1987『コミュニケーション的行為の理論（下）』未来社

ミハイル・バフチン（著）北岡誠司（訳）1980『言語と文化の記号論』（ミハイル・バフチン著作集4）新時代社

──────── （著）桑野隆・小林潔（編訳）2002『バフチン言語論入門』せりか書房

──────── （著）桑野隆（訳）2013『ドストエフスキーの創作問題──付：より大胆に可能性を利用せよ』平凡社

宮下修一 2018「契約取消権（4条）（5）」（誌上法学講座──新時代の消費者契約法を学ぶ）『国民生活』2018年4月, 36-40

村上泰亮 2010『産業社会の病理』中央公論新社

山本 豊 2008「不都合な契約からの離脱（その1）──民法規定による対処」『法学教室』No.332号, 109-114

ラートブルフ（著）桑田三郎ほか（訳）1962『法における人間』（ラートブルフ著作集第5巻）東京大学出版会

我妻 栄 1965『新訂民法總則（民法講義I）』岩波書店

1　現行の成年後見制度とその利用の伸び悩み

　日本が、高齢化率（総人口に占める 65 歳以上の割合）21％以上の「超高齢社会」を迎えたのは 2007 年であるが、この高齢化率はその後も増加を続け、2019 年には実に 28.4％に達している。また、認知症等で介護が必要な要介護者は年々増加を続けているが、その一方で独居の高齢者も増加している（内閣府編『令和 2 年版高齢社会白書』）。このことから、判断能力が低下する高齢者は増え続けているものの、家族がそれを支えることが難しくなってきているという現状がうかがえる。

　このような状況の到来は早くから予想されていたところであり、1999 年には民法改正と任意後見契約法制定により、それまでの禁治産・準禁治産制度に替わって、当事者の判断能力（事理弁識能力）の程度に応じた後見・保佐・補助という 3 つの法定後見と任意後見からなる成年後見制度が整備された。

　この制度は、高齢者のみならず、障害者も対象とする。障害者には、身体障害者・知的障害者・精神障害者が含まれるが、統計によれば、国民の約 7.6％が何らかの障害を有しているとされる。このうち、判断能力という観点から要保護性の高い知的障害者は約 110 万人、精神障害者は約 420 万人であり、また、知的障害者の約 83％、精神障害者の約 63％は 65 歳未満である（内閣府『令和 2 年版　障害者白書』）。このことからすると、家族が自らの高齢化等によって最後まで障害者を支えられないという状況の発生は容易に想像されるところである。

　そこで、十分な判断能力を有しない高齢者・障害者を支える制度として、「成年後見制度」の必要性がクローズアップされる。ところが、制度が設けられてからしばらくは利用者が増加したものの、20 年以上を経過した現在では、裁判所に対する成年後見関係事件の新規申立件数は 3 万 5000 件前後で横ばい状態が続いている（最高裁判所事務総局家庭局『成年後見関係事件の概況』）。複数の理由が考えられるが、成年後見人等による本人（成年被後見人等）の財産の横領を防止するために、家庭

裁判所が、親族ではなく、弁護士・司法書士・社会福祉士等の第三者を成年後見人等に選任する傾向が強まっている一方で（2019 年は、成年後見人等における第三者の割合が約 78.2%）、担い手となる第三者の数が十分であるとはいえないことも一因であろう。このような事態を打開すべく、2016 年に成年後見制度利用促進法が制定され、現在は厚生労働省によりその推進が図られているが、必ずしも十分な効果をあげているとはいえない状況にある。

2　障害者権利条約と「支援」の視点を軸にした成年後見制度のあり方の再検討の必要性

　上述したような判断能力が十分ではない高齢者や障害者がしばしばターゲットとされるのが、消費者被害である。とりわけ、認知症高齢者や障害者は、被害に遭ったこと自体に気がつかないことも多い。消費生活相談は、通常は本人からのものが相当部分を占めるが、認知症高齢者は約 8 割、障害者は約 6 割が本人以外からのものである（消費者庁編『令和 2 年版　消費者白書』）。したがって、判断能力が十分ではない高齢者や障害者の消費者被害を防止するためには、周囲にいる家族や第三者の見守りが不可欠である。

　そこで、しばしば消費者保護の立場から説かれるのが、成年後見制度の活用である。具体的には、成年後見人は、法定代理権や契約取消権を有しているので、それを積極的に用いて本人の保護を図るべきだというものである。

　ところが、高齢者・障害者保護の立場からは、これに否定的な意見が強い。本来、高齢者や障害者の意思や自己決定が最大限尊重されるべきであるにもかかわらず、日本の成年後見制度は成年後見人等による代理権や取消権の行使という「代行決定（代替的意思決定）」をベースにしており、障害者が他の者と平等な法的能力を享有することを前提とした「障害者権利条約」の内容にもそぐわないというのが、その

理由である。実際、2014 年に同条約に批准した日本は、締約国の義務としてその実施状況につき現行の成年後見制度を前提とする第 1 回政府報告を 2017 年に行ったが、国連障害者権利委員会からは、民法改正によるものを含め法的枠組みおよび実践を同条約に沿ったものとすること、あるいは代替的意思決定を支援付き意思決定に変えることに関して講じられた措置等を尋ねる事前質問が 2019 年に寄せられている。このような状況をふまえれば、現行の成年後見制度の変革は、いずれ避けてとおることができない課題であるといえよう。

　それでは、成年後見制度をどのような形で変革すべきか。ひるがえって消費者法に目を向けると、2000 年代に入ってから消費者契約法や消費者基本法の立法をとおして、それまでの消費者の「保護」一辺倒から、その自己決定を尊重して「自立」を促すとともにそのための法的枠組みを整備して「支援」するという形に、根底にある理念が大きく変わってきた。一方、高齢者・障害者に関する法に目を向けると、自己決定の尊重を謳う改正がなされた後も、現実には代行決定の方法をとおして「保護」を図るという色彩が強かったが、今はまた本来の理念に立ち返り、本人の自己決定を「支援」する仕組み作りが求められるようになってきている。2020 年に策定された「意思決定支援を踏まえた後見事務のガイドライン」で、「意思決定支援」が「後見人等を含めた本人に関わる支援者らによって行われる、本人が自らの価値観や選好に基づく意思決定をするための活動」と定義されたのも、その現れといえよう。以上の点を踏まえれば、この「支援」という視点を基本に据えて、成年後見に関する新たな法制度の枠組みを考えていくことが望ましいように思われる。

　もっとも「支援」と一口に言っても、その意味する内容は、使われる場面に応じて異なっており、一様ではない。まずは、「支援」という言葉が意味する共通理解を形成し、かつ、高齢者や障害者の意思決定を最大限尊重し、それを最大限に活かすために何ができるのか、成年後見制度のあり方を含めて再度検討する必要があろう。(宮下修一)

韓国の法的能力に関する法制度

崔 栄繁

はじめに

　障害者権利条約第 12 条（法律の前にひとしく認められる権利）については、国連の障害者権利委員会（Committee on the Rights of Persons with Disabilities）から締約国に出されている総括所見（Concluding Observations）や第 12 条に関する障害者権利委員会一般的意見 1 号（General Comment 1）によれば、どのような重い精神障害や知的障害を持っていても障害のない者と平等に法的能力を持つものとし、その法的能力には権利能力だけでなく、行為能力も含まれるとしている[1]。これは、有効に意思表示をすることができる意思能力をもつ人が単独で有効な法律行為を行うことができるとする近代法体系の根幹にかかわる問題を惹起する。具体的に障害者権利条約第 12 条に関する問題としては、成年後見制度等の本人に代わって本人に関する決定を行う代理決定制度の問題、訴訟法上の意思無能力者、制限行為能力者の訴訟能力の問題などである。韓国については、訴訟能力は、民事訴訟法上においては成年後見制度と関連するものであり[2]、刑事訴訟法では意思無能力者の代理についての規定となっている[3]。

　本稿では、韓国の民法（민법）等の意思能力などに関する規定、2011 年の民法改正により 2013 年から施行された成年後見制度（성년후견제도）の内容に加えて、障害者権利条約では主に第 14 条で規定されている精神障

害者に関する非自発的入院（비자의입원[4]）に関連した課題を取り上げる。非自発的入院制度は法的能力の行使と密接に関連する制度であるためである。さらに、韓国に対して 2014 年 10 月に障害者権利委員会から出された総括所見の内容を検討する[5]。2018 年 2 月から 3 月に開催された第 19 会期障害者権利委員会で韓国政府に対する第 2・3 回統合の建設的対話に向けた事前質問事項が作成され、それを受けた形で 2019 年 3 月、韓国政府より第 2 回と第 3 回統合の政府報告書が提出されており[6]、それらの内容について検討する。なお、本稿では刑事責任能力については取り上げない。

　韓国の法体系は日本と類似しており、成年後見制度についても日本の成年後見制度を参考にしながら作られた。障害者権利条約第 12 条に関連して、障害者権利委員会における韓国法制度の評価の内容を知ることは、日本の制度に対する評価を推測するうえで重要である。

第 1 節　民法と成年後見制度

1-1　民法の概要と 2013 年の改正法施行

　上述のとおり 2011 年 2 月に韓国国会において民法改正案が採択され、2013 年 7 月から施行されている。改正民法の特徴は大きく 5 点あるとされている。第 1 は、行為無能力制度である禁治産・限定治産制度（금치산・한정치산제도）を廃止し、要保護者のための持続的、包括的保護制度として「成年後見」と「限定後見」（한정후견）制度を導入したことである。第 2 は、多様なニーズに対処するために、特定の行為について期間限定で後見人を置く「特定後見」（특정후견）制度を新設したことであり、第 3 は任意後見制度の新設である。第 4 は家族法の後見制度と親族会議規定の大幅改正であり、第 5 が成人年齢の満 20 歳から満 19 歳への引き下げ、である（崔 2015, 51 ほか）。成年後見制度の導入が大きなポイントとなっていることがわかる。

　韓国の民法は日本の民法の影響を受けており、構成も内容も類似してい

る部分が多い[7]。同法の構成は、第1編総則（第1条〜第184条）、第2編物権編（第185条〜第372条）、第3編債権編（第373条〜第766条）、第4編親族編（第767条〜第996条）、第5編相続編（第997条〜第1118条）となっており、日本の民法とほぼ同じ構成である。能力に関しては、例えば第3条（権利能力の存続期間）（권리능력의 존속기간）では「人は生存する間権利と義務の主体となる」と規定されているなど、意思能力や行為能力などの概念についても基本的には日本法と同様である。

　後見制度についても、成年後見制度が導入された2011年の改正以前は、日本の旧制度である禁治産、準禁治産制度とほぼ同様の制度を採用してきた。すなわち、判断能力が欠けている、あるいは不足している者が、行為無能力者として禁治産者（금치산자）あるいは限定治産者（한정치산자）として裁判所に宣告された場合、親族中心の後見人が法律行為を代理することができる禁治産制度である[8]。限定治産者は日本の旧制度の準禁治産者にあたる。しかし、これらの代理人が行う法律行為については本人の意思が反映されず、人権侵害の要素が強く、また、これら後見事務が財産管理の法律行為に偏っていたといったさまざまな批判がされてきた（韓国障害者開発院 2012, 3 ほか）。

1-2　成年後見制度の導入の経緯と内容

　2004年の民法改正案には時期尚早として成年後見制度はとり入れられなかったものの、韓国社会の急速なや障害者保護の観点から、翌年2005年からは重要な立法課題として、成年後見制度の改正案が出されるようになった。早期の導入を主張した障害者団体もあった（李銀榮 2012, 62）。2009年、成年後見制度の導入と成年年齢の引き下げを内容とした民法改正案が政府によって作成され、2010年の国会への上程、2011年の採択へと至った。障害者権利条約も後見制度の改革の契機の1つになったといわれている（大輪 2014, 9）。

　成年後見制度の導入については批判的な意見も多かった。批判的意見に

は、導入のための条件整備がなされていないというものと、そもそも制度の導入に反対するものがみられる。前者の例としては、障害者の権利を擁護し、人権を促進させるという新しい制度の目的と理念の実現のためには、障害者の生活に大きな影響を及ぼしている社会福祉制度との連携や利用を支援するための制度が不可欠だが、新たな制度や政策はほとんどなく、精神保健法での非自発的入院制度や被後見人の社会活動を広く制限する欠格条項などの改善もほとんど行われていないというものである（朴 2015, 717）。後者は主に障害者権利条約に関する活動を行ってきた障害当事者や障害者団体で、成年後見制度には、行為能力の制限や包括的な意思決定代行制度など従来の人権侵害的要素が温存されており、障害者権利条約第12条等で求められている意思決定支援に適していないというものである（クォン 2013）。

　次に、成年後見制度の内容である。韓国の成年後見制度においては「成年後見」「限定後見」「特定後見」に類型化されている。日本の成年後見制度と類似点が多いが、各類型の内容や公共後見制度の導入など異なる点もいくつかある。

　成年後見制度の原則として本人の意思の尊重、必要に応じた比例制の原則、意思決定代行の補充性の原則が挙げられている（李 2012, 65-67；朴 2014, 191-192）。そして、「成年後見」は「疾病、老齢その他の事由による精神的制約のため、事務を処理する能力が持続的に欠けた者」に対して家庭裁判所によって審判が開始されるものであり（民法第9条第1項）、成年被後見人は「制限能力者」と呼ばれる。第10条（被成年後見人の行為と取消）（피성년후견인의 행위와 취소）では、第1項で「被成年後見人の法律行為を取り消すことができる」と規定しておりこれは日本と同じだが、第2項で「第1項にもかかわらず、家庭裁判所は取り消すことができない被成年後見人の法律行為の範囲を定めることができる」とし、第3項で「家庭裁判所は本人、配偶者、4親等以内の親族、成年後見人、成年後見監督人、検事または地方自治団体の長の請求により第2項の範囲を変更することができる」と規

定されている。この点は日本の制度と異なる点である。つまり、成年後見人は法定代理人として代理権を持ち、家庭裁判所が指定した法律行為以外について取消権を持つということである。これらの規定は、日本の制度に比べれば成年後見人の権限をある程度制限することになるものである。同条第4項では「日用品の購入等、日常生活に必要で対価が過度でない行為については取り消すことができない」とされており、これは日本の制度とほぼ同様である。他方、日本の制度と異なる点は医療同意の点である。成年被後見人の身体を侵害する医療行為（신체를 침해하는 의료행위）について被後見人が同意できない場合、成年後見人が代わりに同意することができる（同法第947条の2第3項）。医療行為による侵襲に対する同意は、本人の決定がもちろん望ましいが、本人が同意できる状態にない場合は、家庭裁判所から権限を授与された成年後見人が補充的に同意できる（李2012, 69）。

　「限定後見」は「疾病、老齢その他の事由による精神的制約のため、事務を処理する能力が不十分な者」に対して家庭裁判所が審判するものである（第12条第1項）。限定被後見人は原則として単独で法律行為をなすことができるが、家庭裁判所が定めた一定の法律行為については限定後見人の同意が必要となる。この一定の法律行為については限定後見人の同意がない場合は取り消しが可能である（第13条第4項）。さらに、限定後見人の同意が必要な法律行為であって限定被後見人の利益を損なう恐れがあるにもかかわらず限定後見人が同意をしない場合、限定被後見人が家庭裁判所に請求すれば、家庭裁判所が限定後見人の同意に替えることができる同意留保制度を導入している（第3項）。また、限定後見人は、家庭裁判所が法定代理権を与えた場合にはその範囲において法定代理人になることが可能である（第959条の4）。成年後見、限定後見の審判開始の場合は本人の意思を考慮しなければならないとされている。

　「特定後見」については、家庭裁判所は「疾病、老齢その他の事由による精神的制約のため、一時的後援または特定の事務に関し後援が必要な者」について家庭裁判所が審判を開始することができる（第14条の2第1

項）。法律の規定のとおり、この後見類型は一時的または特定の事務に関する後見であり、後見の期間と事務の範囲を定める必要がある。特定後見は本人の意思に反して行うことはできない（第14条の2第2項）。また、家庭裁判所が特定後見人を選任することができる。成年後見や限定後見と特定後見との違いは、特定後見が開始されたとしても、特定被後見人の行為能力には制限がない点である。ただし、意思決定能力がない場合は、その法律行為は一般法に従って無効となる（韓国障害者開発院 2012, 37）。

　日本の成年後見制度との比較では、韓国の「成年後見」は日本における成年後見類型に保佐類型が混じっている印象があり、「限定後見」は保佐類型と補助類型の中間、特定後見は補助類型をさらに期間などを限定的にした類型といえよう。法人後見と任意後見、あるいは各類型の後見監督制度などの制度の大枠は類似しているが、上述の通り、本人が制限される法律行為は日本の成年後見制度より制度上限定されていると評価できる。

1-3　公共後見制度

　日本にない制度として公共後見制度（공공후견제도）があげられる（ソウル地方弁護士会 2018, 15-17）。これは、後見が必要な場合、だれでも後見人の保護を受けることができるように国が制度的・財政的な支援を行う制度のことである。公共後見人とは意思決定能力の障害をもつ被後見人のために財産管理および身上保護等の事務を支援する後見人であり、政府の財政支援を通じて後見サービスを提供する者をいう。法的根拠は「発達障害者の権利保障および支援に関する法律（발달장애인 권리보장 및 지원에 관한 법률：以下、発達障害者法）第9条、同法施行令第3条、同法施行規則第2条、3条である。韓国の発達障害は日本の知的障害者を含む概念である。現在は発達障害の中で特定後見を申請した者に限り、公共後見制度を活用することができる。同法第9条を法的根拠として保健福祉省で実施されている発達障害者公共後見事業では、発達障害者法の公共後見人資格をもつ者で後見機関、後見法人の資格と監督を受けるものに限定されている。公共後

見人は特定後見人であり、裁判所で決定された一定期間および特定の事案に対して代理権をもち、被後見人事務を支援する。

公共後見サービスの性格については2つの意見がある。一つ目は、後見制度を必要とする人の経済的状況が困難である場合や、特別に専門性が必要ない事案に対して社会貢献意識の高い一般市民を成年後見人として養成し、後見人不足を解決するための制度であるという意見であり、二つ目は、後見事務を担当する適切な親族がおらず、低所得層に対して社会保障給付の一環として選任されるもの、という意見である。

1-4　制度運用の実態と最近の動向

制度の運用実態を見ると、2015年に3480件、2016年に4173件、2017年に5958件、2018年に7204件の後見開始請求がなされた。2018年の請求案件のうち成年後見類型は5927件、限定後見類型は742件、特定後見類型は520件、任意後見は15件である。後見開始請求案件の82%が成年後見類型であり、割合が非常に高く、限定後見や特定後見の割合は少ない（大法院 2019）。これは日本での運用実態と類似している。この理由としては、日本と同様、財産関係の法律行為を一括で代理できる成年後見類型は、代理権や同意・取消権の行使が可能となる法律行為をいちいち家庭裁判所の判断を仰がなければならない他の類型に比べて事務的に簡便であるからだと思われる。

現在韓国には、知的障害者や精神障害者、脳病変や自閉症の人を合わせると58万8843人、認知症の患者は74万8945人いるにもかかわらず[9]、韓国全体の意思決定能力が不足している成人の後見制度の利用率は1%にも満たないと指摘されている[10]。この背景には、制度施行を主導する政府の担当省庁が明確でないことや、制度の広報や施行に必要な制度的、人的、物的なインフラが十分ではないこと、多くの人が家族の問題に裁判所や法律が介入することに違和感をもっていることや禁治産制度を引き継いでいる制度であるという認識のために利用されない側面もあることが指摘され

ている[11]。これに加えて、成年後見制度に関連して 300 以上の欠格条項があることが、被後見人に能力がない人というレッテルを貼る結果とになっており、改正の必要性が指摘されている（イ 2019, 59）。こうした状況について、日本の最高裁判所に当たる大法院では、成年後見制度の利用を呼び掛けるキャンペーンを行っている[12]。他方、こうした状況に対して危機感を持つ韓国後見協会などが、国会議員も巻き込んで「認知症高齢者などのための意思決定支援基本法」の制定運動を進めている[13]。

1-5　小括

　韓国の成年後見制度は日本の制度より 10 年以上経ってから導入されたということもあり、日本の制度よりは同意を含む代理決定の範囲を制限している。とくに特定後見類型は期間も限定されており、日本の制度にとって示唆的である。しかし、広範な代理権を後見人に与える成年後見制度は障害者権利条約第 12 条や一般的意見第 1 号を鑑みると大きな見直しが必要であることは明らかである。これについては日本と同様に韓国でも、制度利用を前提とした改革を主張する立場と制度を廃止して新しい制度の構築を主張する立場の違いがある。この点は第 3 節「障害者権利条約と韓国の動向」で検討するが、障害者権利条約に関する活動を行っている障害者団体などからは制度の廃止を求める意見がある一方で、専門家からは特定後見制度を中心とした運用を通して意思決定支援制度に近づけるべきだという意見が出されている[14]。韓国社会の傾向としては先に述べたように、本来利用すべき人の大部分の人が制度を利用していない状況であるとして、利用を促進する立場が多いように見られる。

第 2 節　精神保健福祉制度の改革[15]

2-1　精神保健法の全面改正

　韓国では、精神保健福祉制度について 2016 年に大きな動きがあった。

それまでの精神保健法（정신보건법）を全面改正し「精神健康増進及び精神疾患者福祉サービス支援に関する法律」（정신건강증진 및 정신질환자 복지서비스 지원에 관한 법률 : 以下、精神健康福祉法）が同年5月に制定され、翌2017年5月より施行されたのである。これに関連して2018年10月、同国の独立した人権救済機関である国家人権委員会から「精神障害者の地域社会居住・治療実態調査」（以下、2018実態調査）が公表されている（国家人権委員会 2018a）。

　旧精神保健法は1995年12月に制定され1996年12月に施行された。2015年までの20年の間に1回の全面改正（1997年）と5回（2000年、2004年、2008年、2013年、2015年）の一部改正を経ている。1997年の全面改正は、精神療養施設のためのものであり、2008年の改正は、入院患者の権利保障のためとされている（シン 2018, 16）。同法第1条（目的）には精神疾患の予防、精神疾患者の医療および社会復帰に必要な事項を定めることにより、国民の精神健康増進に寄与することを目的とする、としている。しかし、同法が地域社会における日常生活での回復や復帰ということより病院や施設での隔離治療に重点を置いてきたことで、精神障害者の疾患からの回復と社会復帰は単なる修飾語に過ぎず、社会から分離や排除する結果だけを招いてきたと批判を受けてきた。たとえば、韓国国立精神保健センターの統計では、同法の施行年である2015年当時、韓国における精神医療機関や精神療養施設に入院入所している精神障害者の非自発的入院（入所）率は全体の入院（入所）患者の71％に達し、このうち6カ月以上の長期入院者の率は57.1％となっている。また、これらの患者の平均入院日数は281日とされている（国家人権委員会 2018a, 51）。非自発的入院患者の比率や平均入院日数は日本と並んで世界で最も長い数値であり、言い換えれば、人権的側面からは最低のレベルにあるということがいえる。

　こうした状況を招いた要因は精神保健法上の非自発的入院制度にある。同法の入院制度は任意入院（自意入院、第23条）のほか、3つの非自発的入院を設けている。①保護義務者による入院（保護入院）（第24条。精神科

専門医の診断、保護義務者 2 名の同意で精神医療機関の長は 6 カ月間入院させることができる）、②市・道知事による入院（行政入院）（第 25 条。精神科専門医または精神保健専門要員の申請により 2 週間入院させることができる）、③応急入院（第 26 条。医師および警察官の依頼により、精神医療機関の長は 72 時間、入院させることができる）の 3 つである。この中でもとくに問題になってきたのが、①の保護義務者による入院制度である。また、入退院時における意思決定能力について客観的に審査する第三者機関が存在しないこと、6 カ月以上入院が継続される場合には地方自治体の長が設置し運営する精神保健審議委員会傘下の精神保健審判委員会の審判を受けることになっているが、非面談の書類審査であり至極形式的なものであったこと、さらには形式的な審判すら避けるために他の病院にたらいまわしにしたり、短期間、他の療養施設に入所させてから再入院させたりするといった不法な慣行が蔓延していた（国家人権委員会 2018a, 51）。

　こうした状況に対して国内外の機関から批判等がなされている。国家人権委員会は 2009 年に「精神障害者の人権保護と増進のための国家報告書」を作成しさまざまな問題を指摘しており、精神保健法改正の政策勧告を行っている。2016 年には憲法裁判所が精神保健法第 24 条 1 項 2 項は憲法不合致（헌법불합치）いう決定を下している（2016 年 10 月 12 日決定）。憲法不合致とは、憲法裁判所が下す決定の 1 つであり、当該法律や当該条項が事実上違憲ではあるが、即時に無効化するとそれによる法の空白や社会的な混乱を避けるために法律が改正されるまで一時的にその法律や条項を存続させる決定のことである。その内容は、当該条項が過剰禁止原則に違反し身体の自由を侵害していることや独立した第三者が中立的に入院の必要性を判断することなく、医者や保護義務者のみで入院を決めることは違憲性があるため、本来は違憲判断すべきものである。しかし、違憲判断によって保護入院制度の法的根拠をなくし即時的に制度の効力を奪うと保護入院が必要な人がいる場合も治療の機会を奪う可能性があるため、違憲ではなく憲法不合致判断とした。すなわち憲法に違反する条項である

が合憲的な規定ができるまでは制度は適用する、というものである。国際的にも、OECD（経済開発協力機構）が「2013年　韓国の精神健康に関するOECDの調査および勧告」(Mental Health in Korea: OECD Review and Recommendations 2013) において、入院中心から地域社会基盤モデルへの転換を勧告している（キム・ヤン 2013）。さらに、2014年、障害者権利条約の監視機関である障害者権利委員会からの韓国政府に対する総括所見で、障害を理由とする自由のはく奪を行う制度の廃止、つまり非自発的入院制度の廃止が勧告されている。

　このような内外の動きの影響を受けて、2013年に政府が「精神健康増進法」案を国会に提出したことで改正の議論が本格化し、法律の名称を含む2016年の全面改正に至ったのである。その中でも憲法裁判所の判断が大きな影響を与えたと思われる。

2-2　精神健康福祉法の主な内容

①精神疾患者の定義

　精神健康福祉法は8章89条からなる。改正点としてとくに注目されるものを挙げる。まずは精神疾患者の定義である。旧法では精神疾患者を「精神病（器質的精神病を含む）、人格障害、アルコールおよび薬物中毒その他非精神病的精神障害を持つ者」と規定していたが、精神健康福祉法では「妄想、幻覚、思考や気分の障害等により独立して日常生活を営む上で重大な制約がある人」とした。精神疾患者の概念を縮小したのである。これは、旧法の精神疾患者の幅広い包括的な規定によって差別を受けていた、深刻な精神疾患のない人に対する、各種の資格や職業、公職からの排除に対する保護および非自発的入院の対象者の範囲縮小を狙ったものである。

②入院手続きの改変

ア．同意入院制度の新設（第42条）

これは、任意入院制度と同様に本人が入院申請書を精神医療機関の長に

提出し任意で入院する制度であるが、任意入院と異なり保護義務者の同意を得なければならない（第41条1項、第42条1項）。退院手続きも任意入院では本人の希望に沿って遅滞なく退院させることとなっているが（第41条2項）、同意入院においては保護義務者の同意がない場合には専門医の診断などの条件が必要となる。本人が保護義務者の同意なしに退院申請しても、治療と保護の必要性があると認められる場合には72時間の退院制限を出すことが可能になる。さらに退院制限期間に、保護入院か強制入院への切り替えが可能となる。任意入院制度の場合、退院は本人が望めば必ずできる制度であるため、社会資源がないなか、退院後、さまざまな問題が起きてきた。そのため本人が任意入院をしようとしても、退院後の家庭や地域での治療やリハビリテーションなどの体制が整っていないことを理由に、わざわざ保護義務者による非自発的入院で入院させることが多発した。そうした非自発的入院を解消するためにこの制度が新設されたのである。この制度の導入については、入院時の任意性の確保については評価できるものの、地域における福祉資源の拡大が伴わない限り、入院患者数や入院日数の削減という問題に対しては効果がないと思われ、今後の検証が必要となる。同制度は日本の任意入院制度と類似している。

　イ．保護義務者による入院手続きの改変
　次に、保護義務者による入院制度の改正についてである。この制度は上述の憲法裁判所による憲法不合致の決定に関連する部分である。主な改正点として、入院要件の強化、診断入院手続きの導入、専門医2名による診断、継続入院周期の短縮、入院適合性審査制度の導入の5つの点が挙げられる。この中で、入院要件の強化については、保護義務者2名以上の申請があった場合、専門医が必要性を認定すれば入院させることができるが、「患者が精神医療機関等で入院治療または療養を受ける程度または性質の精神疾患にかかっている場合」（第43条2項1号）かつ「自傷他害の恐れがある場合」（同項2号）の両方に該当する場合とした。旧法ではどちらか

に該当すれば入院させることができたため、これを厳格化したのである。

　また、診断入院手続きの導入と専門医2名以上による診断について、治療目的の入院のためには、異なる精神医療機関に所属する専門医が入院の必要性について一致しなければならないこととなった（新法第43条4項）。この中で一人は必ず国公立の精神医療機関または保健福祉省が指定する精神医療機関に所属する専門医がいなければならない。これは、民間の医療機関所属の専門医のみでは入院させる利益誘導が起きる可能性があるからである。また、以上の手続きを踏んで入院させた場合、入院期間は3カ月以内であるが、3カ月経過後さらに入院期間の延長が必要な場合となる継続入院の周期も6カ月から3カ月に短縮された。延長の決定の際にも上記のような条件の下での専門医2名の一致した診断が必要となる。

　一番注目されるのが、入院適合性審査制度の導入である。これは、非自発的入院については、入院が適当であるかどうか、入院適合性審査委員会の審査を受けるものとした制度である。各国立精神病院等、政令で定める機関の中に、委員長を含め10名以上30名以内の委員で構成する入院適合性審査委員会を設置し（第46条）、入院や療養院の入所について適合性を審査しなければならない。非自発的入院をさせている精神医療機関等の長は、非自発的入院をさせたら、すぐに入院等をした人に対し、入院等の事由および第46条による入院適合性審査委員会による審査を受けることができる事実を口頭および書面で知らせ、入院等をした人の対面調査の申請意思を口頭および書面で確認しなければならない（第45条1項）。入院適合性審査委員会の審査に基づいて入院等をした最初の日から1カ月以内に精神医療機関等の長に、入院入所の適合または不適合について書面で通知される（同条3項）。

　③福祉サービス提供の根拠規定の新設
　精神障害者への福祉サービスの提供の根拠規定ができたことも、新法の特徴である。旧法である精神保健法は、地域社会への復帰や回復に対する

支援とサービスが脆弱であるとの指摘がされてきた。こうした意見を受け入れ、精神健康福祉法では精神障害者の地域社会への復帰と統合のための各種福祉サービスの開発や雇用・職業開発の支援、生涯教育、地域社会での居住と治療、リハビリテーションの統合支援などの提供のための根拠規定を新設した（第33条～第38条）。隔離的な医療から地域社会への統合という精神障害者に対する政策の方向性を明確にした重要な部分であるが、詳細は別の機会に述べることとする。

2-3　改正後の動向

　新法が施行されて以来、以下の通り一定の成果が出ている。

　まず、平均入院日数について、健康保険審査評価院の資料によれば、2017年1月1日から12月31日までの精神医療機関に入院した患者は15万6645人であり、平均入院回数は1.6回、平均入院期間は98.1日となっている。このうち、重度の障害を持つ人は8万1096人であり、平均入院回数は1.5回、平均入院日数は124.5日である。2016年の平均入院日数については、精神医療機関とは、精神科病院、入院施設のある精神科医院、病院、総合病院とされ、その中で精神科病院の平均入院日数は123.4日で、このうち重度障害者のそれは156.3日であった。単科の精神科病院の入院日数のほうが他の機関より長い（国立精神健康センター 2018, 65-66）。また、別の資料によれば平均入院日数は2015年が155日、2016年が151日とされている（国家人権委員会 2019, 43）。同一の資料ではないため比較可能か判断しかねるが、平均入院日数は減少傾向にあると推測される。

　非自発的入院患者の割合は大きく減っている。2017年12月末現在の精神医療機関は1554箇所であり、精神病床の数は8万1734病床（閉鎖病床6万5619病床、開放病床1万6115病床）である。入院患者数は6万7441人で、前年比で1779人減少し、非自発的入院患者数は2万5566人となっており、非自発的入院率は37.9%と2016年の61.7%に比べ23.8ポイント減少した（国立精神健康センター 2018, 56）。また別の資料によれば、2018年4

月 23 日現在、全体の入院患者のうち、非自発的入院の割合は 37.1% であり、2017 年 4 月 30 日の 58.4% に比べて 21.3 ポイント低い数値となっている。任意入院の割合は 2017 年 4 月 30 日 41.6% から 2018 年 4 月 23 日時点で 62.9% となっている[16]。

　病床数も減ってきている。2018 年末の時点で、全国の精神医療機関の病床は 7 万 9257 床であり、2014 年末の 8 万 3711 床に比べて 4454 床減っている。ソウル大学病院など 43 箇所の上級総合病院の精神科の閉鎖病棟の病床は 2011 年から 2018 年の間、16% 減少した[17]。

　注目される入院適合性審査委員会は、全国 5 箇所の圏域に 1 箇所ずつ精神健康増進拠点機関として運用されている国立精神病院内に設置されており、保健福祉省によれば年間約 4 万件の入院適合性審査が行われており、49 人の運営スタッフが確保されている[18]。

　こうした成果もあがってきているが、課題も多く残されている。入院患者数はあまり減っていない。統合失調病患者の入院患者数は、2016 年の 6 万 9162 人から、2018 年 4 月 23 日の時点の 6 万 6523 人と大きく変化していないことが調査の結果判明している[19]。これは日本と同じく民間の病院が多いなか、経営の問題と関係しているのではないかと思われる。

　精神障害者に対する地域福祉サービスの不足は深刻な問題である。国家人権委員会の実態調査によれば、精神健康福祉法施行後も精神障害当事者の退院があまり進まない理由は、退院後、住む場所がなく一人で日常生活するのが難しいためだという結果が出ている。また、この法律が施行されてから 1 年経ったが、保健福祉サービスが良くなったという回答は半分以下であった[20]。韓国も日本と同様、精神障害者の日常生活については、家族同居が前提とされ、身の回りの世話から経済的側面すべてを家庭に依存してきたため、他の障害に比べて福祉サービスが脆弱である。現在は家族ではない社会の受け皿づくりや福祉サービスの充実が一番の課題であるとされるが[21]、この課題の解決には少し時間がかかるだろう。

2-4 小括

　精神障害者の人権保障や国際的な動向の視点からは法改正の方向性としては評価すべきだろう。しかし、平均入院日数はまだ長く、精神障害者以外の人との不平等な取り扱いである非自発的入院制度の存続、家族負担を助長する保護義務者制度の継続、病床数の削減、家族依存から脱却するための福祉サービスの拡充は大きな課題である。次節では、韓国の成年後見制度や精神障害者等の強制入院制度に関して、障害者権利条約の観点から検討する。

第3節　障害者権利条約と韓国の動向

3-1　条約交渉から批准までの経緯と「包括的な最初の（政府）報告書」

　韓国は、官民共に障害者権利条約策定の条約交渉に積極的にかかわった国の1つである。2008年6月に条約批准の政府案が韓国国会に提出され、同年12月11日に批准書を国連に提出し締約国となった。同条約の韓国での国内発効は2009年1月10日である（崔 2015）。

　締約国となった韓国政府は、報告書提出義務を規定する条約第35条に基づいて、2011年6月、「包括的な最初の（政府）報告」（Initial Report）（以下、最初の政府報告書）を障害者権利委員会に提出した[22]。2014年の総括所見はこの政府報告に対するものである。その後、2014年4月、障害者権利委員会において事前作業部会（Pre-Sessional Working Group）が開催され、5月12日付けで事前質問事項（List of Issues）が韓国政府に送付された。翌月、韓国政府は事前質問事項への回答を行っている。そして同年9月15日から10月3日にかけて、障害者権利委員会第12会期が開催され、9月17日、18日にかけて韓国政府に対する審査（建設的対話）が行われた。

　障害者権利条約では最初の政府報告書を出した後は同条約第35条第2項の規定により、4年ごとに定期報告を障害者権利委員会に提出することになっている。しかし2014年以降は、委員会と締約国の負担を減らし、

条約監視システムの有効性を改善するために、締約国は第 2 回と第 3 回の政府報告を併合して提出し、建設的対話を行う、簡易報告手続き（Simplified reporting procedure）が採用されている [23]。韓国に関しては 2018 年 3 月に事前質問事項が障害者権利委員会から韓国政府に送付されており、2019 年 3 月にこの事前質問事項に対応する形で、第 2 回・第 3 回併合政府報告書が障害者権利委員会に送られている [24]。そして、2020 年 8 月から 9 月にかけて開催される第 24 会期障害者権利委員会で建設的対話が行われることになっている。

3-2　最初の韓国政府報告書と第 1 回目の総括所見等、2014 年までの動き

①最初の政府報告と事前質問事項

ここでは第 12 条の成年後見制度と第 14 条の精神科病院への非自発的入院等、法的能力の行使に関して、2011 年の最初の政府報告書（CRPD/C/KOR/1, para. 57）の内容、障害者権利委員会から出された事前質問事項とそれに対する韓国政府の回答を紹介する。新たに導入した成年後見制度に対して韓国政府や障害者権利委員会がどのような認識を持っているのか確認することができる。

最初の政府報告書では、第 12 条に関して、2011 年の民法改正により禁治産制度から成年後見制度への移行を予定していることやその意義について述べられている（para. 57）。第 14 条に関して、精神障害者の状況については問題意識があったようである。すなわち、当時の精神保健法を精神障害者の身体の自由と基本権保障を明示した法律で患者の権利保障に関する事項が含まれているとしながらも、国家人権委員会が行った精神障害者の実態調査の結果、非自発的入院の割合が高いこと、必要以上に入院が長期化しており入退院を繰り返していること等も明記している。さらに 2009 年 10 月に「精神障害者の人権保護と増進のための国家報告書」を国家人権委員会が発刊し、法律改正や政策の策定を勧告した、と紹介している。そして、これに基づいて「精神保健法」を改正し、退院の過程で適正

手続きを設け、長期入院と再入院が繰り返されないように措置する計画の立案を法律で定める、とも述べている（para. 69）。

2014 年 5 月に、障害者権利委員会から韓国政府に出された事前質問事項は、成年後見制度に関しては、それが法的能力の行使において代理決定から支援を受けた自己決定へ変えるものかどうか、どのように他の者と平等に法的能力を承認するものか示してほしいという内容であり、第 14 条については改正される精神保健法の情報を求めるものとなっている[25]。

この事前質問事項への回答で韓国政府は、第 12 条に関しては、禁治産制度との比較をしながら、成年後見制度を含む韓国民法が、精神障害者の残存能力と自己（意思）決定の尊重という側面から、代替的意思決定から支援付き自己（意思）決定に変えるための改正がなされたということを明らかにしている、と回答している[26]。つまり、新たに導入した成年後見制度は障害者権利条約第 12 条に抵触するものではないという考えを明確にしている。また、第 14 条について、新たな精神健康福祉法の意義を強調し、精神障害者の定義の問題や、非自発的入院の要件の強化など、上述した精神健康福祉法の内容を紹介するものとなっている（para.60 〜 65）。

しかし、政府報告書と事前質問事項への回答の内容は、総括所見においては韓国政府の「言い分」として考慮されず、厳しい指摘を受けている。NGO（非政府組織）が障害者権利委員会に対して行った情報提供の内容が大きく影響しているためである。そこで、総括所見の内容を確認する前に、NGO や政府から独立した人権救済機関である国家人権委員会の動きを整理する。

②国家人権委員会と NGO

国家人権委員会は 2014 年 8 月 28 日付で「意見」を提出している。第 12 条に関しては成年後見制度の内容そのものについての評価はとくにしていない（NHRCK 2014）。いわゆる後見制度に関連する欠格条項についての言及が主である。この問題もさまざまな権利制限を受けるということで

は、重要であるのはいうまでもない。欠格条項の詳細な検討は別に機会を持ちたい[27]。精神科病院への非自発的入院等に関する14条についても、運用面での指摘になっており、精神科病院と精神科療養施設の入院体制一本化や、入院要件を強化すべき、との内容となっている。

　次にNGOのレポートについて、レポートを提出した団体はいくつかあるが、中心的な役割を果たした「国連障害者権利条約NGO報告書連帯」（以下、NGO報告書連帯）の概要とレポートの内容を紹介する。NGO報告書連帯はNGOのネットワークであり、韓国障害者総連合会、韓国障害者総連盟、韓国DPIなど27の参加団体、5つの後援団体から構成されている。韓国の主だった障害者団体や連合体を網羅しており、障害者団体以外にも法律家の団体や子供の権利擁護の活動をしているセーブ・ザ・チルドレンなども含まれている。正式なレポートは2014年7月に障害者権利委員会に提出されたが、それに先立ち、2014年4月に開催された事前質問事項策定のための事前作業部会（ワーキング・グループ）に合わせて、同年3月に事前質問事項対応のためのレポートを権利委員会に提出しており、事前質問事項の内容に大きな影響を及ぼした。第12条の成年後見制度に関する内容は、事務処理能力が欠ける人に後見人を置き、代理決定することができる成年後見制度が導入されたこと、成年後見制度の内容の説明を行い、「韓国政府は障害者の自己決定権、同等な法的権限の行使を制限する民法の成年後見制度に関する規定を廃止し、障害者の自己意思と選好をもとに、自己決定権が尊重されるように自己決定を支援する制度の開発および導入」をすべきとする勧告案を作成している（The Korean DPO and NGO Coalition for UN CRPD Parallel Report n.d., para. 34-36）。第14条の精神科病院の非自発的入院については、2012年度のデータを中心に、非自発的入院患者の割合が75%に上ることや精神医療機関への平均入院日数が240日以上という世界でも最長水準であること、退院手続きの不備などさまざまな事例を挙げながら、非自発的入院制度の撤廃や退院後の地域生活を保障する制度の確立などを求める勧告案を提出している。

③総括所見

　障害者権利委員会は韓国政府とのやりとりやNGOのレポート、ならびにそれ以外のさまざまなインプットを参考にしながら、第12会期障害者権利委員会で韓国政府の審査を行い、第1回目の総括所見を発表した。

　第12条については、総括所見第21段落で以下のように勧告している。

　「21. 委員会は、2013年7月に導入された新しい成年後見制度が、疾病、障害または老化によって引き起こされる心理的制限のために、持続的に課題の遂行ができないとみなされる人物の財産および個人的問題に関する決定を、後見人にゆだねていることを懸念する。委員会は、このような制度は、条約第12条の規定に反して、支援付き意思決定の代わりに代理人による意思決定を促進し続けるものであると考える。この規定は法律の前にひとしく認められる権利に関する委員会の一般的意見第1号（2014年）で詳しく説明されている」。その他、障害当事者および障害者団体と協力しあらゆる関係者への障害者の法的能力および支援付き自己決定のメカニズムについての教育を提供することを勧告している（CRPD/C/KOR/CO/1, para21-22）。韓国の成年後見制度については、それは代替的意思決定の仕組みであると認め、支援付き自己決定の仕組みへの転換を求める厳しい意見となっている。これはこれまで採択されてきた他の締約国への総括所見や一般的意見第1号に沿うものであり、ある程度は予想された内容である。

　第14条については、精神や知的障害を含め障害に基づく自由のはく奪、すなわち非自発的入院や非自発的医療を許容している現行の法的規定を見直し、精神医療サービスを含む医療サービスが当該障害者の自由で十分な説明と事前の同意に基づくものであることを確保する措置をとることや、公正な裁判と法的手続きが障害者に保障されることを確保する手続きや、裁判を受ける権利保障を確保するための刑事司法体系の転換を勧告している。

3-3 第2回、3回併合の建設的対話に向けた事前質問事項と それに対する政府報告書

①事前質問事項[28]

第2回、3回併合の建設的対話に向けた事前質問事項の第12条に関する内容は次のとおりである。パラグラフ12の（a）では、第12条と一般的意見1号の第12条を厳然と遵守し、代替的意思決定から支援付き意思決定への改革や成年後見制度廃止に対する進捗状況の説明を求め、同（b）では、障害者の法的能力の認定に関する教育と「支援を受けた意思決定」体系に関する教育の実施に関する進捗状況の説明を求めている。

第14条に関する内容は次のとおりである。パラグラフ14の（a）で、障害（精神障害および損傷（impairment）を含む）が法的根拠となって障害者の自由をはく奪する既存の法令の廃止、同（b）で精神健康福祉法改正案の提供および履行の後、精神健康医療サービスを含むすべての保健医療サービスにおける事前の説明に基づく自由な同意（informed consent）をベースとする措置の採用、同（c）で自由はく奪を可能にする法が改正されるまで、病院や特殊施設で障害者の自由がはく奪されているすべての事例の検討と控訴の可能性の検討、同（d）で、障害者の公正な裁判と正当な法の手続きを保証する手続き的配慮（procedural accommodation）の提供、同（e）で、障害者が健常者と同等の裁判を受けることができるようにするため、刑事裁判を受ける資格があるかどうか判断する不適格判定項目の削除、についての進展状況の報告を求めている。

②国家人権委員会

事前質問事項の作成については、国家人権委員会からも障害者権利委員会に対して以下の情報提供が行われている（NHRCK 2019）。現在の状況については、成人後見制度の導入後、後見人は、財産および個人的な問題に関する決定を行うことが許されており、日常的に使用する商品および過度ではない費用の商品購入以外の場合、契約などの法的措置を取り消すこと

ができる、などと紹介し、成年後見制度が障害者の権利を過度に制限しているという意見は、精神障害者団体や市民組織など多くの関係者によって提起されている、としている。そして、考えられる事前質問事項として、成年後見制度が障害者の権利を過度に制限しているケースと成年後見制度を改善、廃止し、代替的意思決定から支援付き意思決定に移行するための政府の計画に関する情報、を挙げている。

　さらに国家人権委員会は、2019年2月25日付で、政府の第2回・3回併合政府報告書案について「障害者権利条約第2、3回併合国家報告書（案）に対する意見表明」を決定し、意見の表明を行っている（国家人権委員会 2018b）。詳細には立ち入らないが、例えば、第14条については、精神健康福祉法の施行前と後の新規の精神科病院の入院患者数の推移を明記すべきといった政府報告書案の情報不足について指摘している。

③第2回・3回併合の政府報告書
　事前質問事項に対応する形で、韓国政府は2019年3月8日、障害者権利委員会に第2回・3回併合の政府報告書を送付した（CRPD/C/KOR/2-3）。内容は事前質問事項に回答する形で作成されている。
　第12条に関しては、以前の禁治産制度を廃止し自己決定を尊重する成年後見制度に変えたこと、家庭裁判所が成年後見人や限定後見人の後見開始などについて原則に基づいて判断している旨などを述べている（CRPD/C/KOR/2-3, para.63）。パラグラフ64では、「障害者権利委員会の最初の政府報告に対する勧告と市民社会の意見は成年後見制度の問題について改善が必要な点を徹底的に調査して、意思決定を尊重し支援するシステムの確立に努める」ことや、成年後見が特定専門職の欠格事由となっている制度の改善に努める旨を述べている。しかし、成年後見制度の廃止については、「成年後見の即時かつ完全な廃止は、事務処理能力を完全に欠いている、または、能力が損なわれている障害者の権利の保護に空白を残す可能性があり、成年後見制度が現実的な解決策である現在の状況下での即時の

廃止は、意思決定の支援を必要とする障害者の権利の保護を損なう可能性がある」とし、システムを前進させつつ最終的に障害者団体などと相談し協力することにより、障害者の自己決定を保証する意思決定支援システムを構築するため努力する、と述べるにとどまっている。研修等については、法務省がさまざまな研修や教育を行っている旨を述べている（CRPD/C/KOR/2-3, para.65 等）。

　第14条については、精神健康福祉法の導入と制度の説明、上述した非自発的入院患者の割合の低下など制度の運用の実績などを述べている。障害を理由に自由をはく奪する非自発的入院制度等については、パラグラフ87で、人身保護法で医療や福祉機関、保護施設で監禁や拘束されている者が法律上の救済を求めることができるとしているが、精神健康福祉法によって精神障害者の人権を強化する法律はできたものの、意思決定能力のない人を治療するためには、自傷他害のおそれのある患者の自由を奪う強制入院に関する規定を削除するのは困難であるとし、韓国政府としては、強制入院制度の廃止は困難であると述べている。

　④ NGO の動き
　NGO の動きとしては、第1回目の総括所見の内容に大きな影響を与えた NGO 報告書連帯が名称を変更し「国連障害者権利条約 NGO 連帯」（以下、NGO 連帯）として、建設的対話に向けたパラレルレポートの提出を準備している。2019年10月28日には障害者権利委員会のモンティアン・ブンタン委員を韓国に招請し、国会議員などを交え、NGO 連帯のレポート案の公聴会を開催している[29]。

おわりに

　以上、障害者権利条約第12条の法的能力に関連して、成年後見制度と精神科病院への非自発的入院制度に絞って制度の内容と課題、障害者権利

条約に関係する動向を検討してきた。

　現実的には、日本やその他の多くの国と同様[30]、韓国においても、行為能力を制限するという民法上の成年後見制度やそれに付随した形で裁判を受ける法律行為を制限する民事訴訟法、意思能力の有無によって刑事裁判の当事者適格性を制限する刑事訴訟法の規定を変えるにはかなりの困難が予想される。近代民法や刑法、近代の市民像に対して大変革を求めるものだからである。同様に、精神医療に関する課題の解決には精神障害者への偏見の解消など社会の根深いところにある問題の解決が求められ、一朝一夕に障害者権利条約がめざす高地に到達するのは簡単ではないと思われる[31]。

　しかし、障害者権利条約が投げかけている法的能力の問題は根源的な問いかけであり、これを検証することは重要である。韓国や日本の成年後見制度や関連する欠格条項に見るように、一律に制限行為能力者として線引きすることの合理性や正当性の問題や、非自発的入院制度はなぜ精神障害者のみに適用されるのか、精神的な障害は本人だけに原因があるのか、そうでないとすれば現行の非自発的入院制度などの精神医療の制度に合理性や正当性があるのか、ということである。「能力」に大きな価値を与える能力主義社会は能力で優劣をつける優性思想を生み出す。優性思想や能力主義による生きづらさというのは障害者や認知症の人だけに限られないすべての人の課題ではないか。そうであるとすれば、法律行為の能力を一律に制限する制度は社会の安定を損なう可能性もある。

　韓国と日本の関連法制度の運用や規定は、もともと法体系が似ていることや距離的な近さもありお互いに大きな影響を与える。韓国の動向は日本にとっても大いに参考になるだろう。

〔注〕
　1　Committee on the Rights of Persons with Disabilities, "General comment No. 1 (2014) Article 12: Equal recognition before the law"（CRPD/C/GC/1）のパラグラフ 12 や 14（邦

訳は、日本障害者リハビリテーション協会、http://www.dinf.ne.jp/doc/japanese/rights/
rightafter/crpd_gc1_2014_article12_0519.html 参照）。

2　民事訴訟法第 55 条（制限能力者の訴訟能力）（제한능력자의 소송능력）

　　①未成年者又は被成年後見人は法定代理人によってのみ訴訟行為を行うことができる。
ただし、次の各号の場合にはその限りではない。

　　1. 未成年者が独立して法律行為を行うことができる場合。

　　2. 非成年後見人が「民法」第 10 条第 2 項により取り消すことができない法律行為を行
うことができる場合。

　　②被限定後見人は限定後見人の同意が必要な行為に関しては、代理権のある限定後見
人によってのみ訴訟行為を行うことができる。（筆者仮訳）

3　刑事訴訟法第 26 条（意思無能力者と訴訟行為の代理）（의사무능력자와 소송행위의 대
리）「刑法」第 9 条乃至第 111 条の規定の適用を受けない犯罪事件に関して、被告人また
は被疑者に意思能力がない時にはその法定代理人が訴訟行為を代理する。（筆者仮訳）

4　漢字表記では「非自意入院」となる。非自発的入院を強制入院ということもあるが、
本稿では非自発的入院と訳す。

5　"Concluding observations on the initial report of the Republic of Korea"（CRPD/C/
KOR/CO/1），at http://www.dinf.ne.jp/doc/japanese/rights/rightafter/jdf141014/index.
html.（アクセス日：2020 年 1 月 22 日）

6　"The Combined Second and Third Periodic Report under the Convention on the Rights
of Persons with Disabilities, March 9, 2019,（CRPD/C/KOR/2-3），at https://tbinternet.
ohchr.org/_layouts/treatybodyexternal/Download.aspx?symbolno=CRPD%2fC%2fKOR%2f2-
3&Lang=en.（アクセス日：2020 年 1 月 22 日）

7　韓国の国内法については、국가법령정보센터（国家法令情報センター）のホームペー
ジを参照（http://www.law.go.kr/）。民法は同センターの以下、URL を参照（http://
www.law.go.kr/LSW/lsInfoP.do?lsiSeq=198475&eventGubun=060126#0000）。日本語訳は
筆者による。

8　禁治産者に選定された者については一部例外を除いてすべての法律行為について後見
人の同意が必要とされ、同意がない場合は取り消しうる。また限定治産者は財産管理に
おいては未成年と同等の扱いがされる一方で、家族法においては経済行為以外の法律行
為は単独で行うことができるとされていた。

9　高大新聞（고대신문）ウェブ記事参照（https://www.kunews.ac.kr/news/articleView.
html?idxno=30827，アクセス日：2020 年 1 月 22 日）。

10　韓国経済新聞ウェブ記事参照（https://www.hankyung.com/news/article/2019031304523,
アクセス日：2020 年 1 月 18 日）。

11　前掲注 9。

12　キャンペーンのウェブサイト：http://campaign-scourt.com/guardian/ （アクセス日：
2020 年 1 月 22 日）。

13　前掲注 10。

14 例えば、前掲注 9。

15 精神保健福祉制度の改正については、崔（2019）の執筆内容をもとに大幅な加筆を行ったものである。

16 障害者関連インターネットニュースサイトである Be Minor 2018 年 5 月 24 日の記事参照（http://beminor.com/detail.php?number=12214, アクセス日：2020 年 1 月 11 日）。

17 朝鮮日報 2018 年 8 月 10 日付ウェブ記事参照（https://news.chosun.com/site/data/html_dir/2019/08/09/2019080902215.html, アクセス日：2020 年 1 月 29 日）。

18 前掲注 16 参照。

19 国家人権委員会のホームページ参照（https://www.humanrights.go.kr/site/program/board/basicboard/view?&boardtypeid=24&menuid=001004002001&pagesize=10&boardid=7604207, アクセス日：2020 年 1 月 13 日）。

20 同上。

21 当研究の現地調査における 2018 年 12 月 12 日のクォン・オヨン（권오영）弁護士へのインタビュー。

22 "Implementation of the Convention on the Rights of Persons with Disabilities, Initial reports submitted by States parties under article 35 of the Convention, Republic of Korea", 27 June 2011（CRPD/C/KOR/1）.

23 簡易報告手続き（Simplified reporting procedure）については、以下の URL 参照（https://www.ohchr.org/EN/HRBodies/CRPD/Pages/Simplifiedreportingprocedure.aspx）。（アクセス日：2020 年 1 月 22 日）

24 "Combined second and third periodic reports submitted by the Republic of Korea under article 35 of the Convention pursuant to the optional reporting procedure, due in 2019",11 October 2019（CRPD/C/KOR/2-3）.

25 "List of issues in relation to the initial report of the Republic of Korea", 12 May 2014,（CRPD/C/KOR/Q/1）, para.12.

26 "List of issues in relation to the initial report of the Republic of Korea: Addendum, Replies of the Republic of Korea to the list of issues", 27 June 2014,（CRPD/C/KOR/Q/1/Add.1）, para. 49-51.

27 成年後見にかかる欠格条項は日本法から由来している（朴 2015, 脚注 8）。

28 보건복지부 보도참고자료 " 유엔 장애인 권리 협약 정부보고 " 공개 토론회 개최 ［保健福祉省報道参考資料「"国連障害者権利条約政府報告" 公開討論会開催」］（2018.12.21）参照。

29 ソーシャルフォーカス（Social Focus）のウェブ記事を参照（http://www.socialfocus.co.kr, アクセス日：2020 年 1 月 20 日）。

30 例えば、障害者権利条約に関する研究者でもある川島聡は、多くの政府がとっている代行決定許容説と一般的意見 1 号がとる代行決定禁止説に関連して、合理的な差別を許容する国際人権法上の観点から代行決定許容説をとっており（川島 2014）、日本の学会等においても代行決定許容説を支持する論考は少なくない。

31　精神健康福祉法への改正後に精神障害者に関連する事件がいくつか起きている。2017年末にソウル市の江北三星病院の医師殺害事件が起こり、2018年4月には慶南真珠アパート放火・殺人事件が起き、とくに保守的なマスコミによって法制度の改正に対する不安感があおられた（前掲注17参照）。その後、医療関係者に対する暴行等を厳罰化した医療法の改正が行われている（日曜時事ウェブ記事2019年4月15日参照、http://www.ilyosisa.co.kr/news/articleView.html?idxno=204658, アクセス日：2020年1月29日）。

〔参考文献〕
〈日本語文献〉
李 銀榮（イ・ウンヨン）2012「韓国民法の成年後見制度」（田山輝明編『成年後見制度と障害者権利条約』三省堂、62-78）
内田 貴 2008『民法Ⅰ』（第4版）東京大学出版会
大輪典子 2014「「基調講演」と「成年後見制度の比較セッション」」『実践成年後見』53号
川島 聡 2014「障害者権利条約12条の解釈に関する一考察」『実践成年後見』第51号，71-77
崔 栄繁（さいたかのり）2015「韓国の成年後見制度と国連審査」『実践成年後見』第55号，50-58
─── 2019「韓国：韓国の精神医療改革の動き」『響き合う街で』No.91，やどかり出版，31-34
朴 仁煥（パク・インファン）2014「韓国新成年後見制度の施行と課題」『成年後見法研究』第11号，184-195

〈韓国語文献〉
국가인권위원회（国家人権委員会）2018a「정신장애인의 지역 사회 거주・치료 실태조사」［精神障害者の地域社会居住・治療実態調査］at https://www.humanrights.go.kr/site/inc/file/fileDownload?fileid=1068267&filename=in_11812281522361560091.pdf，アクセス日：2020年11月5日
─── 2018b "190305 결정문 재목 장애인권리협약제 2,3 차병합국가보고서（안）에 대한 의견표명（2018.3.7）"［190305　決定文　題目　障害者権利条約第2，3回併合国家報告書（案）に対する意見表明（2018.3.7）］。
─── 2019a「정신병원 장기입원과 열악한 의료 서비스에 대한 진단과 대안」（정신장애인 인권증진을 위한 연속 정책간담회 자료）［「精神病院長期入院と劣悪な医療サービスについての診断と対策」（精神障害者の人権増進のための連続政策懇談会資料）］
─── 2019b「2019 장애차별금지법 제정 11 주년기념，장애인차별과 혐오 해소를 위한 토론회자료」［2019障害者差別禁止法制定11周年記念，障害者差別とヘイトの解消のための討論会資料］
국립정신건강센터（国立精神健康センター）2018『정신건강현황　4 차 예비조사 결과보고서）』［精神健康現況　4次予備調査結果報告書］

国会立法調査処（国立立法調査処）2019『정신질환자 비자의입원제도의 입법영향분석 입법영향분석보고서제 42 호』[精神疾患者非自発的入院制度の立法影響分析報告書第 42 号]

権五英（クォン・オヨン）2013「성년후견제도와 장애인인권」,『한국장애인인권포럼 웹진』, 가을호, 제 26 호 [成年後見制度と障害者の人権」『障害者人権フォーラムウェブマガジン』秋号, 第 26 号], at http://report.ableforum.com/webzine-prism/webzine?it_Seq=41&it_SubSeq=（アクセス日＝2020 年 1 月 13 日）

金泰熙, 梁潤準（キム・テヒ, ヤン・ヨンジュン）2013「한국인의 정신건강：2013 년 OECD 조사 및 권고안 요약본 번역」[韓国人の精神健康：2013 年 OECD 調査および勧告案要約本翻訳], Korean Journal of Family Practice, Vol. 3, No. 3, 236-239.

大法院（大法院）2019『사법연감 2019』[司法年鑑 2019]

朴仁換（朴仁換）2015「의사결정지원을 위한 성년후견제도의 평가와 모색」[意思決定支援のための成年後見制度の評価と模索]『비교사법』[比較私法] 22（2）, 725-758

서울지방변호사회（ソウル地方弁護士会）2018『공공후견인 법률지원 매뉴얼』[公共後見人法律支援マニュアル], 서울지방변호사회 프로보노지원센터 법률지원 매뉴얼 시리즈 3（ソウル地方弁護士会プロボノ支援センター法律支援マニュアルシリーズ 3）

申権哲（シン・クォンチョル）2018 "정신건강복지법의 시행과 입법평가" [精神健康福祉法の施行と立法評価], 입법평가연구 제 13 호 [立法評価研究第 13 号], 한국법제연구원 [韓国法制研究院]

李忠熙（イ・チュンヒ）2019「제 7 회 온율 성년후견 세미나 – 일본 성년후견제도 이용 현황과 시사점 자료」[第 7 回 オンユル成年後見セミナー――日本の成年後見制度の利用の現況と示唆点資料], 사단법인 온율（社団法人オンユル）

한국장애인개발원（韓国障害者開発院）2012『성년후견제도의이해』[成年後見制度の理解]

〈英語文献〉

The Korean DPO and NGO Coalition for UN CRPD Parallel Report n.d. "Parallel Report for the UN Committee on the Rights of Persons with Disabilities", at https://tbinternet.ohchr.org/Treaties/CRPD/Shared%20Documents/KOR/INT_CRPD_NGO_KOR_16659_E.doc（アクセス日：2020 年 11 月 4 日）。

National Human Rights Commission of Korea（NHRCK）2014 "Opinions on the first National Report of Korea on the Convention on the Rights of Persons with Disabilities", at https://tbinternet.ohchr.org/Treaties/CRPD/Shared%20Documents/KOR/INT_CRPD_IFN_KOR_18083_E.doc（アクセス日：2020 年 11 月 4 日）。

―――― 2018 "Information for List of Issues Prior to Reporting: The Republic of Korea", February 7, 2018, at https://tbinternet.ohchr.org/_layouts/15/treatybodyexternal/Download.aspx?symbolno=INT%2fCRPD%2fIFR%2fKOR%2f30202&Lang=en（アクセス日：2020 年 1 月 13 日）。

第 3 章

中国における障害者の法的能力

小林昌之

はじめに

　障害者権利条約第 12 条は「法律の前にひとしく認められる権利」を謳い、その第 2 項で、障害者が生活のあらゆる側面において他の者との平等を基礎として法的能力を享有することを認めることを締約国に求める。障害者権利条約は 2006 年 12 月に国連総会おいてコンセンサスで採択されたものの、最後まで争点の 1 つとして残っていたのが第 2 項の「法的能力」の解釈であった（長瀬 2008, 115）。法的能力は、権利能力にとどまるとする見解と、行為能力をも包含するという見解が対立し（池原 2010, 186-189）、中国は前者の見解を支持していたとされる。この対立は最後までつづき、採択された条文はいずれにも解釈できる規定となったといわれるものの、その後、障害者権利委員会は一般的意見第 1 号（2014 年）で障害者権利条約が定める法的能力には行為能力も含まれるとの見解を示した。そのうえで、締約国には、成年後見など代理人による意思決定制度を支援付き意思決定制度に置き替えることを求めている。

　中国は、2008 年に障害者権利条約の締約国となり、2010 年には条約第 35 条にしたがって初回政府報告を提出し、障害者権利委員会による第 1 回目の総括所見が出されている。中国は障害者権利条約を締結するにあたって、障害者の法的能力をどのように捉え直し、これまでにその義務をど

のように履行しようとしてきたのか。以下、第1節では障害者権利委員会との議論を整理し、締約直後の状況を確認し、第2節では総括所見後の現行法制の対応を論じ、最後に法的能力をめぐるその他の課題を考察する。

第1節　法的能力に対する中国の認識

　中国は、障害者権利条約の制定に積極的に取り組み、障害者権利条約が署名のために開放された当日、2007年3月30日に署名を果たしている。批准も翌年行われ、条約は2008年8月31日から中国に対する効力を発している。中国は、条約第35条に従い、初回報告を、2010年8月30日付けで提出している（CRPD/C/CHN/1）[1]。その後、中央政府以外の市民社会などから提出されたパラレルレポート、それを踏まえた障害者権利委員会からの事前質問事項（List of Issues）、事前質問事項に対する中国の回答、それらを踏まえた中国政府と障害者権利委員会の建設的対話を経て、最後に障害者権利委員会からの総括所見[2]が出されている[3]。ここではまず、総括所見において、障害者権利委員会が第12条「法律の前にひとしく認められる権利」について何を問題にしたのか確認したうえで、中国政府の主張や建設的対話などの場における議論を概観する。

1-1　障害者権利委員会の総括所見
　第12条「法律の前にひとしく認められる権利」について、障害者権利委員会は総括所見のなかで、中国が、第12条を遵守していない後見制度を設けようとしていることに懸念を示し、障害者が自らについての決定を行い、自律を保持し、意思と選好が尊重されるための支援付き意思決定のシステムが全くないことに留意するとした（para. 21）。そして中国政府に、第12条に則って、法的能力の行使において、成年の後見と信託を許容する現行の法律、政策、実践を廃止するための措置を講じ、代替的意思決定ではなく、自律、意思、選好を尊重する支援付き意思決定に替えるための

法的措置を講じるよう勧告した（para. 22）。このように障害者権利委員会は、中国の後見制度、法的能力行使の問題、代替的意思決定の現状などを問題視していることがわかる[4]。

1-2　初回政府報告の内容

　中国政府の初回報告は、障害者権利委員会が策定したガイドライン（CRPD/C/2/3）に沿って構成され、第 12 条「法律の前にひとしく認められる権利」についても条約ごとの説明の 1 つとして中国の現状が報告されている。

　報告書はまず、「憲法」において中国の公民は法律の前では一律平等であると謳っていることを再確認しており、「障害者保障法」においても、障害者は、政治、経済、文化、社会および家庭生活などの領域において、その他の公民と平等な権利を享有することを述べている（para. 50）。そのうえで、「民法通則」が、公民は出生の時から死亡の時まで、民事権利能力を備え、法により民事権利を有し、民事義務を引き受け、また、公民の民事権利能力は一律平等であると定めていると記している（para. 51）。

　さらに、中国は障害者が直面している実際のバリアを考慮して、上記に加えて障害者には特別な待遇が与えられていると主張する（para. 51）。例として、「刑法」および「治安管理処罰法」の規定が示されている。「刑法」では、精神病者が自己の行為を弁識し、または、抑制することができない時に危害を引き起こし、鑑定手続きを経て認定された場合、刑事責任を負わないと規定している。また、自己の行為を弁識し、または、抑制する能力を完全には喪失していない精神病者が罪を犯した場合は、軽きに従って処罰し、または、処罰を軽減することができると定めている。さらに、「聾、かつ、唖の者」または「盲人」が罪を犯した場合は、軽きに従い処罰し、処罰を軽減し、または、免除することができると規定していることを挙げている。「治安管理処罰法」についても、同様な軽減措置があることを例示している（para. 51）。

民事については、支援の必要な障害者は代理人をとおして民事法律行為ができると示し、「民事訴訟法」および「民法通則」の規定を例示している（para. 52）。「民事訴訟法」では、障害者は代理人に委託して民事訴訟を行うことができることを定めている。また、「民法通則」では、民事行為無能力または民事制限行為能力の精神病者は、その配偶者、父母、成人した子供、その他、近しい親族、ならびに、居民委員会、村民委員会が同意する密接な関係にあるその他の親族および友人が、後見人（原語：監護人）となることができると規定している。後見人は、法定代理人として、その者の身体、財産およびその他の適法な権利利益を保護する。後見人が後見人の職責を履行しない、または、被後見人の適法な権利利益を侵害した場合は、相応する責任を負うことなどを定めていることを挙げている（para. 52）。

1-3　パラレルレポートの内容

　市民社会からのパラレルレポートの提出は合計9件あった。このうち、中国国内の障害当事者団体からは、亦能亦行身心障碍研究所（Enable Disability Studies Institute）と一加一（北京）残障人文化発展中心（One Plus One（Beijing）Disabled Persons' Cultural Development Center）の2件があり、後者が若干法的能力について記している。海外からは障害種別の国際組織の連合体である国際障害同盟（International Disability Alliance, IDA）が、中国国内からのインプットを織り交ぜ、事前質問事項の提案と詳細な勧告の提案をそれぞれ提出している。

　一加一（北京）残障人文化発展中心（2012）のパラレルレポートは、政府報告の項目に準じながら、現状の報告とそれに対する提案で構成されている。条約第12条については、中国政府が例示した「治安管理処罰法」を引用し、中国では治安管理に違反する盲人とろうあ者は、軽く処罰されるか、または、処罰されないと規定されているが、これは「憲法」が謳う「法の下の平等」と矛盾していると批判する。そして、中国国民である視覚、聴

覚、または言語障害者が法を犯した場合、その身体状況だけを理由に軽い処罰にされるべきではないと提案する（para.59）。

国際障害同盟（IDA）からのパラレルレポートはより詳細である。IDA はまず事前質問事項の提案において次のように述べている（IDA 2012a, 7）。中国には法的能力剥奪のための正式な手続きはなく、後見人は、裁判所をとおしてではなく、通常は、家族関係から障害者に対して責任を有するとみなされる者に任される。

点字版の法律扶助ガイド

中国のいくつかの地域では、障害者証を取得する際、連絡者の名前を提示することが求められ、その名前は障害者証にも記載される。実務では、その人が後見人とみなされ、障害者の代理決定をする権限が与えられている。この実務は、知的障害者[5]や精神障害者[6]に限定されず、障害者証を取得したすべての障害者に適用されている（IDA 2012a, 7）。

精神衛生法草案は、インフォームド・コンセントなどの権利は、精神障害者本人またはその後見人によって行使されると規定している。このように障害者個人と後見人は代替可能であるとみなされている。さらに、草案は、非自発的拘束の決定権を、後見責任を有する近親者に与えており、草案は明白に精神障害者の法的能力を否定し、親族が被後見人となるものとみなしていることがわかる。これに加えて、6 つの主要都市の条例では、精神障害者から医療を拒否する権利がはく奪され、精神病があると診断された場合、その人の法的能力は自動的に後見人とされる人に引き渡される（IDA 2012a, 7）。

IDA は勧告の提案において、中国政府は精神衛生法草案を第 12 条遵守の例として示しているものの、草案は、むしろ制約のない個人の意思決定能力のはく奪の現状に法的な裏付けを与えてしまっているとする。そして、

後見責任を有する近親者が障害者個人を代替することを許しており、後見人と被後見人の代替可能性の問題は一切検証されていない、と批判している（IDA 2012b, 6）。

1-4　事前質問事項および建設的対話

2012 年 4 月に開催された障害者権利委員会において、中国に対する 30 項目の事前質問事項（List of Issues）が採択され（CRPD/C/CHN/Q/1, 以下 LOI）、中国からの回答を得て（CRPD/C/CHN/Q/1/Add.1, 以下 Reply）、同年 9 月のセッションにおいて建設的対話（審議）が行われた（CRPD/C/SR.77; CRPD/C/SR.78）。

障害者権利条約第 12 条「法律の前にひとしく認められる権利」の実施は、障害者権利委員会の関心を集めた事項の 1 つであった。事前質問事項では、法的能力に関する法律について、追加資料の提供が求められた。とくに後見制度において後見人の代理決定ができるのか、後見制度によって影響を受ける人のために支援付き意思決定のサービスはあるのか問われた（LOI, para.9）。回答はまず現行法を提示し、「民法通則」第 13 条が、精神病者のうち民事行為無能力者と民事行為制限能力者を規定していると説明し、「民法通則」第 14 条が、民事行為無能力者と民事行為制限能力者の後見人は、その者の法定代理人であると定めているとした。そして、これらの規定によれば、きわめて少数の精神病者および知的障害者が、民事行為無能力者であり、その場合、後見人は被後見人の決定を代理できる。一方、大多数の精神病者および知的障害者は、民事行為制限能力者であり、自分で、精神および知的状況に相応した民事活動を行うことができ、後見人は被後見人の決定をすべては代理することはできない。後見人が決定をするときは、被後見人の意見を聞かなければならないと説明している（Reply, para. 25）。

そのほか、精神衛生法（草案）において、心理社会的または認知障害を有する人の法的能力は認められているか否か、質問があった（LOI, para.

10）。回答は、まず、民法通則第13条2項が、自己の行為を完全には弁識できない精神病者は民事行為制限能力者であり、その者の精神健康状態に応じた民事活動を行うことができると規定していることを示した。そして、民法通則に従えば、精神障害者の大多数は民事行為制限能力者であり、民事行為は部分的に制限されるものの、民事行為の法的能力そのものは認められているとした。そのうえで、質問への回答としては、目下、精神衛生法（草案）には、精神病者の法的能力に関する規定はないとのみ答えている（Reply, para. 28）。

　さらには、事実上の後見制度を廃止し、他の者との平等を基礎として、障害者の法的能力が認められることを保障し、その法的能力を実行するために、その者の意思と選好に従って支援を提供するために、どのような措置がとられているか、という質問が提出されている（LOI, para. 12）[7]。回答では、利害関係者が裁判所（人民法院）に申請し、司法鑑定および裁判所による証拠の調査を経ることによってのみ、裁判所は民事行為無能力者を認定・宣告することができると説明した（Reply, para. 31）。また、民事行為無能力者および民事行為制限能力者の精神病者以外の障害者は、完全な民事行為能力を有し、自分自身で、治療に関するインフォームド・コンセント、裁判所の証人として出廷すること、結婚相手を選択すること、銀行および金融事務を行うことを含め、他の者と差別なく、民事行為を行うことできるとした（Reply, para. 34）。

　なお、中国政府と障害者権利委員会が直接議論し合う建設的対話の場においては、法的能力に関して、中国から、「同意を示すことが不可能な個人を代表するために、法定代理人（Legal Agent）を指名することは慣行となっている」とする発言があったものの（CRPD/C/SR.78, para. 14）、記録からは法的能力に関する議論は見て取れない。

1-5　小結
　事前質問事項において障害者権利委員会の関心を集めていた内容の1つ

は本節で取り上げた、後見制度、代理決定、強制避妊手術、非自発的拘束など、障害者の法的能力にかかわる問題であった。障害者権利委員会は、パラレルレポートなどのインプットに基づき、法と実態との乖離を指摘しているのに対して、中国は、主として国内法の条文を正当化の根拠に問題は存在しないとの立場をとっている（小林 2018, 426-427）。とくに後見制度については、障害者権利条約を通底する障害者の自己決定権の尊重という重要な原則と密接に関係しているにもかかわらず、認識に大きな隔たりがあるといえる。また、中国が障害者権利条約の遵守の例として示した法律のいくつかは、むしろ不遵守の証左になっている。たとえば、中国が法の下の平等をサポートする法律として、刑法と治安管理処罰法によるろうあ者と盲人に対する処罰の減免を例として挙げている。しかし、これに類似する日本の旧刑法第40条は聴覚障害当事者団体から差別的であると批判されて改正されている。したがって、パラレルレポートが指摘するとおり、これはむしろ障害者を法の下の平等な公民とみなしていないことを示す形となってしまっている。

　障害者証の後見人の記載について、北京市では、障害者証を発行する障害者連合会には後見人を認定する権限がないので、司法当局の証明がない限り障害者証の後見人（監護人）の欄は空欄にする方針がとられていたことが報告されており[8]、パラレルレポートで懸念が示されていたとおり障害者証の取得の際の連絡者が、事実上、後見人とみなされている問題が地方で存在していたことがわかる（IDA 2012a, 7）。次節で見るように、民事行為無能力者および民事行為制限能力者の認定は裁判所によって行われ、認定と同時に後見人が指定されることになっている。しかし、行為能力の認定および被後見人の数は明らかになっておらず、行為能力認定裁判の受件数が2017年には1万4613件、2018年には1万8689件あったことのみ判明している[9]。

　問題なのは、後見（監護）という用語が多様な意味で使用されていることである。障害者連合会が管轄する障害者事業統計において「被後見精神

表1　被後見精神病者数

年	被後見精神病者（万人）	後見率（%）
2011	421.2	80.5
2012	449.0	75.6
2013	461.9	79.1
2014	463.5	79.4
2015	460.0	79.2

（注）いわゆる被後見人数ではなく、何らかのケアを受けている精神病者数を意味する。
（出所）中国残疾人聯合会（各年版）に基づき著者作成

病者」（原語：監護精神病人；People with Mental Illness under Guardianship）
という語が用いられているが、これは家庭療養、作業所、精神衛生機構な
どの治療・リハビリテーションを受けている精神病者数を意味し、注意を
要する。「表1」に見られるように、ここで示されている後見率（監護率）
は、近年80％を下回る傾向にあり、それを問題視する文脈でしばしば用
いられている（中国残疾人聯合会、各年版）。ただ、いずれにおいても、中
国は障害当事者を保護の客体と見る傾向があり、次節で見るように、障害
者権利条約の勧告とは異なり、後見制度の確立に関心を寄せている。

第2節　成年後見制度の発展と位置づけ

　第12条「法律の前にひとしく認められる権利」に関する障害者権利委
員会との議論で出てきた法律のうち、とくに障害者の法的能力および成年
後見制度に関係する法律としては、「民法通則」および「精神衛生法（草
案）」が挙げられる。2012年の障害者権利委員会の総括所見の後、「精神
衛生法」は2012年に正式に採択され[10]、2017年には「民法通則」を補
完するものとして「民法総則」が制定された（銭 2017, 293）[11]。　本節では、
新たに制定された「民法総則」の関連条文の整理をとおして総括所見後の
中国の対応を見ることにする。

2-1　民法における法的能力

　民法総則は 2017 年に制定され、民法通則と抵触する内容については民法総則が優先され、民法総則に規定がない場合は、民法通則の従前の内容が適用されると解されている（直井 2017, 179）。ここでは、障害者の法的能力に関わる民法総則の内容を概観する。

　自然人は、出生の時から死亡の時まで民事権利能力を有し、法により民事上の権利を享有し、民事上の義務を負うとされ（第 13 条）、自然人の民事権利能力はすべて平等であると規定される（第 14 条）。したがって、中国において、障害者も、自然人として権利能力を有しているといえる。

　民事行為無能力者について、民法総則はまず満 8 歳未満の未成年者を挙げ、その民事法律行為は、その法定代理人が代理すると規定している（第 20 条）。そして次に、自己の行為を弁識できない成年者ならびに自己の行為を弁識することができない満 8 歳以上の未成年者を挙げており、民事法律行為は、その法定代理人が代理すると定める（第 21 条）。

　民事行為制限能力者については、自己の行為を不完全にしか弁識することができない成年者は民事行為制限能力者であると規定し、その民事法律行為は、法定代理人が代理するか、または、法定代理人の同意もしくは追認を要すると定める。ただし、単に利益を得る民事法律行為またはその知力、精神的健康状態に相応する民事法律行為は単独ですることができる（第 22 条）。なお、民事行為無能力者と民事行為制限能力者の後見人が、法定代理人である（第 23 条）。

　民事法律行為の効力について、民事行為無能力者の民事法律行為は、無効とされる（第 144 条）。一方、民事行為制限能力者の民事法律行為の場合、それが単に利益を得る民事法律行為であるとき、または、それが民事行為制限能力者の年齢、知力、精神的健康状態に相応する民事法律行為のときは、有効とされる。ただし、民事行為制限能力者が行ったその他の民事法律行為は、法定代理人の同意または追認を経て有効となる（第 145 条前段）。法定代理人の追認について、相手方は、民事行為制限能力者の法定代理人

に1カ月以内に追認するよう催告することができる。これに対して法定代理人の意思表示がなかった場合は、追認を拒否したものとみなされる。なお、民事法律行為が追認されるまで、善意の相手方は取消権を有する（第145条後段）。

　民事行為無能力者および民事行為制限能力者の認定は、裁判所（人民法院）によって行われ、民事訴訟法が定める特別手続きを経て宣言される[12]。申請は、民事行為能力が無いことなどの根拠を明記したうえで、近親者またはその他の利害関係者が行う。裁判所は、必要な場合に鑑定を行い、鑑定や診断がない場合は利害関係者の異議がないことを条件に公衆が一般に認める精神状態を参照して認定することができるとされる（杜2017, 96）。裁判所は、申請の事実と根拠を審理し、民事行為無能力者または民事行為制限能力者であればその旨判決し、同時に後見人が指定される。

　なお、民事訴訟法第189条は、民事行為無能力者または民事行為制限能力者の認定を事実に基づいて審理し、事実がない場合は却下すると規定していることに加え、その審理における代理人について定めている。それによれば、民事行為無能力者または民事行為制限能力者を認定する事案については、申請人を除く、対象者の近親者が代理人になるべきであるとされる。さらに、近親者がお互いにその役割を押し付けあう場合には、裁判所がその中の一人を代理人として指定するとある。そして、対象者本人については、その者の健康状態が許せば、その者の意見も聞くべきであると記されている。

　一方、認定の解除は、本人、利害関係者または関係組織が申し立てることができ、裁判所はその人の知力、精神的健康の回復状況に応じて、当該成年者を民事行為制限能力または完全な民事行為能力を回復した者と認めることができる。なお、関係組織とは、居民委員会、村民委員会、学校、医療機構、婦女連合会、障害者連合会、法により設立された高齢者組織および民政部門等を含む（第24条）。

2-2 成年後見制度の変遷

後見人については、後見人になるべき人または組織に順序が付けられている。民事行為無能力者または民事行為制限能力者である成年者の後見人は、後見能力を有する者が次の順序に従って引き受ける。すなわち、①配偶者、②父母・子[13]、③その他の近親者、④その他の後見人となる意思を有する個人または組織の順で後見人となる[14]。ただし、④の場合は、被後見人の住所地の居民委員会、村民委員会、または、民政部門の同意を得なければならない（第28条）。

これら後見人となる資格を有する者は、相互の協議によって後見人を決めることもできる。こうした協議によって後見人を定めるときは、被後見人の真の意思も尊重されるものとされる（第30条）。一方で、後見人を定めることについて争いがある場合は、被後見人の住所地の居民委員会、村民委員会、または、民政部門が後見人を指定する。ただし、関係当事者に不服がある場合は、後見人の指定を裁判所に申し立てるものとされる。いずれの場合でも、被後見人の真の意思を尊重し、被後見人にとって最善の利益を求めるという原則に従って指定されるべきとされる（第31条）[15]。

民法通則にはない民法総則の新しい条文として、任意後見（原語：意定監護）の規定が加わった。高齢者権益保障法の2012年の改正の際に、高齢者を対象とした任意後見の規定が加えられたが[16]、それが民法総則にも取り込まれた。完全民事行為能力を有する成年者は、その近親者やその他後見人となる意思を有する個人または組織と事前に協議を行い、書面形式で、自己の後見人を確定することができると定められた。協議によって定められた後見人は、当該成年者が民事行為能力を喪失または一部を喪失したとき、後見の職務を遂行するものとされる（第33条）。

後見人の職責は、被後見人を代理して民事法律行為を実施し、被後見人の人身権、財産権およびその他の適法な権利利益を保護することである（第34条）。また、後見人は、被後見人にとっての最善の利益を求めるという原則に従って後見の職責を遂行しなければならないと定められ、後見

人は、被後見人の利益を保護する場合を除いて被後見人の財産を処分することはできないとされている（第35条1項）。成年者の後見人に対しては、被後見人の真の意思を最大限尊重し、被後見人がその知力、精神的健康状態に相応する民事法律行為をすることを保障し、協力しなければならないと定め、単独で処理することができる事柄については干渉してはならないと規定する（第35条3項）。

2-3　小結

　後見制度は、民法総則の制定過程において焦点の1つになり（銭 2017, 290）、後見制度については家族による後見を基礎とし、それを社会が補完し、国がベースラインとなる方針がとられている（李 2017：杜 2017, 133-134）。この点は、後見人の順序において家族の優先が明記されたことに表れており、後見の責任はまずは家族が負担すべき義務であると捉えられている（直井 2017, 190-191）[17]。家族の優先の順序については、すでに民法通則に関する司法解釈でも示されていたが[18]、国の責任を示すため民政部門の役割が新たに加えられている。

　また、後見制度は、民法通則と比べてその範囲が拡大していることが見て取れる。例えば、民法通則では、年齢基準は別として、被後見人は、自己の行為を弁識できないまたは完全には弁識できない精神病者に限定されていたが、最高人民法院の司法解釈による認知症患者（原語：痴呆症人）の追加を経て[19]、民法総則では特定の疾病や障害を記さず、成年一般へと拡大されている（銭 2017, 290）。これにより精神障害者および知的障害者など異なる状況やニーズに対応できるようになり、後見制度の大きな改革があったと評価されている（杜 2017, 122; 楊 2017, 228-229）。

　中国の法学者は概して障害者に対する成年後見制度の確立に肯定的であり、例えば、楊（2017）は「完全に民事行為能力を喪失した認知症、知的障害者および心身障害者は、後見制度の保護を受けられなければその適法な権益も保障を受けることができない」と記している（楊 2017, 302）。そ

して、精神障害により、民事的権利を行使し、義務を負うことができない場合は、後見人を立てて代理する必要があり、民事行為制限能力者と認定するのが最も良い方法であり、重度の肢体不自由者、聴覚障害（聾）、言語障害（唖）、視覚障害（盲）などの身体障害者もその身体機能の制限により、民事行為が果たせない場合は、被後見人になることで必要な権利救済が受けられるようになったとする（楊 2017, 302-303）。

　また、中国政府のみならず、中国の法学者の多くは、民法総則が自己決定を尊重するための多くの条文を備えており（杜 2017, 99）、被後見人の真の意思の尊重が成年後見制度の改革の重要な指導思想になっているとする（楊 2017, 326）。「真の意思の尊重」は、後見資格者間の相互協議による協議後見人（第30条）や後見人に争いがある際の指定後見人（第31条）などの後見人を決定する場合、および、後見人が職責を履行する際、被後見人の真の意思を最大限に尊重し、被後見人がその知力および精神的健康状態に相応の民事法律行為を実施することを保障・協力しなければならない（第35条）という形で記されている。また、任意後見制度が導入されたことも、自己決定権の行使を体現する改革であるとしている（楊 2017, 328）。しかし、これらは主として誰に代理してもらうのかに際しての意思尊重にとどまり、「代理」の適否や障害当事者の意思の行使を支援する仕組みについてはほとんど議論がなされていない。

第3節　法的能力をめぐるその他の課題

　障害者権利委員会の一般的意見第1号（2014年）は、成年後見人制度による代理決定の問題に焦点を当てる一方、法的能力の問題は障害者権利条約の他の多くの人権規定と切っても切れない関係にあると記している（para. 27）。法的能力が制限されることによって、投票の権利、医療同意の権利、労働契約の締結、結婚などを行使する権利が奪われ、生活のあらゆる局面に制約が課されるといわれている[20]。ここでは、医療、結婚、労

働において法的能力が関係した最近の事例について紹介する。なお、結婚と労働の事例は、中国の最高裁判所である最高人民法院が障害者の権利利益を保障した10件のモデルケース（典型案例）として公布されたものであり、裁判の際に参照されることが期待されている（最高人民法院 2016）[21]。

3-1　医療

障害者の法的能力に関連して2012年の障害者権利委員会の総括所見の後に成立したもう1つの法律が「精神衛生法」である。精神衛生法は、精神衛生事業を発展させ、精神衛生サービスを規範化し、精神疾患患者（原語：精神障碍患者）の適法な権利利益を擁護することを目的に制定されたとされる（第1条）。精神疾患患者の人格の尊厳、人身および財産の安全は侵害されず（第4条）、いかなる組織も個人も、精神疾患患者を差別、侮辱、虐待してはならず、精神疾患患者の人身の自由を不法に制限してはならないことが定められている（第5条）[22]。

後見制度に関しては、精神疾患患者の後見人は、後見の職責を履行し、精神疾患患者の適法な権利利益を擁護することを求めるとともに、精神疾患患者に対する虐待や遺棄を禁止する規定を設けている（第9条）。

入院治療については、自由意思を原則とすることが原則に置かれながらも、重度精神疾患患者であり、かつ、自傷行為の発生またはおそれ、あるいは、他人に対する安全の危害の発生またはおそれがある場合には、入院治療が実施されるものとしている（第30条）。重度精神疾患患者でない場合でも、自傷行為の発生またはおそれがある場合、後見人の同意によって入院治療が実施される（第31条）。同じく、重度精神疾患患者でない場合でも、他人に対する安全の危害の発生またはおそれがあり、後見人が入院手続きをしないときは、精神疾患患者の所属単位、村民委員会または居民委員会が入院手続きをすることができる規定となっている（第36条）。

長期にわたり中国の実践において、民事行為無能力や民事行為制限能力に関する裁判所の宣告は厳格には執行されておらず、精神病院に入院する

ことになった「精神障害者」は医療機関において「民事行為無能力者」として扱われ、司法機関もそうした扱いを承認していたとされる（陳 2015, 220）。精神病院への入院または診断の経歴を有することをもって、事実上、民事行為能力を喪失し、インフォームド・コンセントを含め、医療同意の機会を奪われ、退院することもできなかったという。加えて、この点について自己の権利を主張すべく訴訟を提起しようとした場合、入院または診断の経歴が原因で、訴訟提起そのものが受理されなかったり、実質的な審理を経ないまま却下される場合が司法の場でもしばしば見られている（陳 2015, 217-219）。この原因は、民事訴訟法第 57 条が「訴訟行為無能力者は、その後見人が法定代理人となり訴訟を代理する」と規定し、司法解釈も「訴訟において民事行為無能力者、民事行為制限能力者の後見人は、その法定代理人である」[23] と規定しているからである。

　しかし、こうした司法実践に対して、2012 年に精神衛生法が制定された後の事例として、きちんとした司法鑑定が無い場合には、訴訟主体としての地位が認められると示した事例があったことが報告されている。精神衛生法第 82 条は「精神疾患患者またはその後見人、近親者が行政機関、医療機関またはその他の関連単位および個人が本法規定に違反し、患者の適法な権利利益を侵害したと認める場合、法に基づいて訴訟を提起することができる」と定めており、これにより、これまで当然に民事行為無能力者あるいは民事行為制限能力者とみなされてきた精神病者も、民事行為能力を認定する司法鑑定が存在しない場合においては、訴訟主体としての地位が認められる可能性が出てきたことが示唆されるという（陳 2015, 223）。

3-2　結婚

　最高人民法院（2016）は、法律に基づいて障害者の婚姻の権利を擁護したモデルケースとして「曽某と張某の離婚事案」（曽某某与張某某離婚案）を公布している。

　概要：曽は知的障害 2 級であり、張と結婚した。曽の妊娠にあたって

曽の父親は遺伝リスクがあるとして流産を求めたものの、二人の同意は得られず、さらに家屋移転に伴う利益配分の問題が原因で二人と父親との間の矛盾が深まった。そこで曽の父親が曽の法定代理人の身分により、裁判所に離婚訴訟を提起した。裁判所は、当事者および関係する証人の意見を聴取し、コミュニティー（社区）の居民委員会、婚姻登記管理署、計画出産委員会などを訪問して関連情報を把握した。その結果、裁判所は、曽は知的障害者ではあるが、張との結婚後の共同生活において夫婦関係は仲良く、感情破綻の状況にはないとして、民事行為無能力者の権利利益の尊重と保護を考慮して、法に基づき父親が提起した離婚請求の訴えを棄却した。

　最高人民法院の説明では、「障害者の婚姻の権利を擁護することは障害者の権利利益保障の重要な内容であり、障害者の離婚の適否の判決は当該障害者の今後の生活に重大な影響を与えるものなので、裁判所は障害者とその配偶者の婚姻関係の破綻の認定について法律の規定を厳格に適用する必要がある」とした。そして、「本件の曽は知的障害者であり、曽の父親がその法定代理人の名義で離婚を提起しているものの、張は明らかに曽との共同生活を望んでいることを示しており、かつ、夫婦関係の破綻を証明する証拠が十分でない状況において、裁判所は障害者の最善の利益の擁護を考慮して、離婚を認めない判決を下した」としている（最高人民法院2016）。

　最高人民法院がこの事例をモデルケースとして取り上げた意図は、障害者の最善の利益を考慮し、法に基づいて障害者の婚姻の権利を擁護すべきことを示すためにある。しかし、当事者であるはずの知的障害者の意思についての言及はなく、当人の意思に反して、後見人である知的障害者の父親が法定代理人として離婚を請求することは何ら問題としていないことがわかる。

3-3　労働

　労働について最高人民法院（2016）は、法律に基づいて障害者の労働の

権利を保障したモデルケースとして「孔某と北京某不動産管理会社の労働紛争事案」(孔某与北京某物業管理公司労働争議糾紛案) を公布している。

概要：孔は知的障害 1 級であり、北京の不動産管理会社と 2013 年 11 月 30 日を満期とする 2 年間の労働契約を締結した。しかし、2013 年 7 月に、孔は文書の性質を理解しないまま、離職申請書に署名した。その後、孔は不動産管理会社に労働契約解除に伴う経済補償金を支払うよう裁判所に訴えを提起した。裁判所は、孔は労働契約の締結や離職申請への署名など個人の重大利益に及ぶ行為の判断能力および理解能力を備えておらず、自分の行為の結果を予見することができないので、重大な民事行為はその法定代理人が代理するか、法定代理人の同意を得なければならないと判示した。孔の代理人は、孔が離職申請へ署名するという行為に許可を与えていないので、孔の離職申請の署名という行為は無効であり、双方の労働契約は契約満了日まで継続されるべきであるとし、不動産管理会社に、労働契約法に基づき労働契約終了の経済補償金の支払いを命じた (最高人民法院 2016)。

最高人民法院がこの事例をモデルケースとして取り上げた意図は、裁判所は、法に基づいて障害者の労働の権利を確実に保障し、障害者本人の労働を通して幸福な生活を創造させ、障害者の適法な権利利益を擁護すべきことを示すことにある。障害者保障法は障害者の労働の権利を保障し、従業員の報酬や福祉などにおける障害者差別を禁じており、能力に適した労働に障害者が参加できるよう支援されるべきだと説明している。しかし、具体的には言及はないものの、裁判所は知的障害 1 級の者を当然に被後見人が必要な民事行為無能力者と断定しており、障害当事者は自ら望んでもそもそも労働契約を締結できないことが示唆される。

障害当事者の意思や労働能力とは関係なく、障害者が成人であっても、両親が当然にその後見人とみなされることから、障害当事者と両親との間に利害対立が生じることも珍しくない。例えば、障害者自身は実際に働くことを希望しているにもかかわらず、障害者手当の受給を目当てに働きに

出ることを認めなかったり、障害者の両親が経済的利益のために障害者証を不正に貸し出したりと、障害者の労働の権利を事実上剥奪している事例が多く存在するといわれている[24]。

おわりに

　中国は障害者権利条約を締結するにあたって、障害者の法的能力をどのように捉え直し、これまでにその義務をどのように履行しようとしてきたのか。第1節では障害者権利委員会との議論を整理し、締約直後の状況を確認し、第2節では総括所見後の現行法制の対応を論じ、第3節では法的能力をめぐる事例を考察した。

　障害者権利条約の締結後、初回政府報告の提出にあたって、中国は、主として国内法の条文を正当化の根拠に、後見制度、代理決定、強制避妊手術、非自発的拘束など、障害者の法的能力にかかわる問題は存在しないとの立場を表明していた。それに対して、障害者権利委員会は、パラレルレポートなどのインプットに基づき、法と実態との乖離を指摘し、障害者権利条約を通底する障害者の自己決定権の尊重という重要な原則に関係する、代理決定についての認識に、大きな隔たりが存在していた。

　障害者権利委員会から総括所見が出された後、2017年に新しく民法総則が制定され、後見制度についてはそれまでの司法実践が総括された。民法総則の条文内容を見る限り、後見制度の整備が進んでいることがわかる。中国の法学者は概して障害者に対する成年後見制度の確立に肯定的であり、自己決定を尊重する条文を備えたとも評価している。しかし、これらは主として誰に代理してもらうのかに際しての意思尊重にとどまり、障害者権利委員会が問題としている「代理」の適否や障害当事者の意思の行使を支援する仕組みについては議論が進んでいないことがわかった。

　最後に障害者の法的能力に関連する事例として取り上げた、最高人民法院のモデルケースの目的は、障害者の権利利益の保障を促進することにあ

ることは間違いない。結婚の事例では障害者の最善の利益を考慮し、労働の事例では障害者に対する不法行為は認めないというものであった。しかし、いずれも当事者である障害者の意思についての言及はなく、障害者は保護すべき客体であることを前提としており、障害者に対する認識は従前とまったく変わっていないことがここからも見て取れた。

　国際社会における後見制度の議論は、ラストリゾートとしての代理決定であれば許容されるか否かというところに至っており、中国の法整備の方向とは必ずしも軌を一にしない。中国では、障害者の保護、管理およびその実施責任に焦点があり、障害当事者の視点からの議論があまりないことが、障害者権利条約との乖離をいっそう際立出せているように思われる。

［付記］
　本研究の一部は JSPS 科研費 JP16K03277 の助成を受けたものである。

〔注〕
1　障害者権利条約の締約国は中華人民共和国であるものの、香港とマカオは特別行政区として大幅な自治を有していることから、政府報告も、中国（中央政府）、香港、マカオの3部構成となっている。
2　2012年9月27日の初回報告に対する総括所見（CRPD/C/CHN/CO/1）の翻訳は、長瀬修訳を参照〈http://www.dinf.ne.jp/doc/japanese/rights/rightafter/CRPD-C-CHN-CO-1_jp.html〉（アクセス日：2016年8月31日）。
3　中国の初回報告の審査全体の詳細については小林（2018）参照。
4　総括所見の提出後、中国政府はそれに対する意見を表明している（A/68/55（Annex III））。意見表明では、不十分な対話や文化的な差異も含め、さまざまな要因によって、中国のいくつかの政策および実践は、完全な理解を得ることができず、全くの誤解もあり、これらの問題をはっきりと説明したいと、以下のとおり、主張している（para.4）。法的能力について、総括所見の第22段落は、障害者の法的能力と後見人の問題を取り上げているが、中国法では、心理社会的または知的障害者を、刑事や民事に関する事柄から保護するために、行為能力と後見人について、さまざまな法的手続きをとおして、裁判所が決定することになっている、と改めて説明している（para.6）。
5　知的障害（原語：智力残疾）とは、知的能力が著しく一般人のレベルより低く、かつ、適応行動の障害を伴うものと定義される（「残疾人残疾分類和分級」［障害者の障害分類と等級］GB/T26341-2010）。

6 精神障害（原語：精神残疾）とは、各種の精神疾患（原語：精神障碍）が1年以上継続しても治癒せず、認知、感情、行動に障害（原語：障碍）が存在するため、日常生活と社会参加に影響をきたすものと定義される（「残疾人残疾分類和分級」［障害者の障害分類と等級］GB/T26341-2010）。

7 このほか、精神病者によって引き起こされた損害に対する後見人の責任について情報提供が求められた（LOI, para.11）。

8 「為規避法律糾紛、二代残疾人証監護人一欄"残缺"」［法律紛争を避けるため、第2代障害者証は後見人欄を"欠く"］（2009年12月25日）、at www.chinaadp.net.cn/datasearch_/pastinfo/2009-12/25-5106.html（アクセス日：2020年1月6日）。

9 「全国法院司法統計広報」at http://gongbao.court.gov.cn/ArticleList.html?serial_no=sftj（アクセス日：2020年1月6日）。

10 2012年10月26日採択・公布、2013年5月1日施行。

11 2017年3月15日採択・公布、2017年10月1日施行。

12 「民事訴訟法（2017年修正）」（2017年6月27日公布、2017年7月1日施行）および「最高人民法院関与適用〈中華人民共和国民事訴訟法〉的解釈」［「中華人民共和国民事訴訟法」の適用に関する最高裁判所の解釈］（2014年12月18日採択・公布、2015年2月4日施行）。

13 被後見人の父母が後見人である場合は、その遺言によって後見人を指定することができると定められている（第29条）。

14 民法通則では、精神病者の所属「単位」も列記されていた。計画経済時代の「単位」（職場）は労働・住居・福祉など一切を管理していたのに対して、現在の社会主義市場経済体制下においては就業単位と従業員との関係は大きく変化し、労働契約によることになったため、民法総則では削除された（杜 2017, 139）。

15 法で定められている後見人になる資格を有する者がいない場合は、民政部門が後見人となる。あるいは、被後見人の住所地にある居民委員会または村民委員会で後見の職務遂行に必要な条件が整っている委員会も引き受けることができる（第32条）。

16 高齢者権益保障法（老年人権益保障法）第26条前段は「完全民事行為能力のある高齢者は、近親者やその他自己と密接な関係にある後見責任を負う意志のある個人・組織と協議して、自己の後見人を確定することができる。後見人は高齢者が民事行為能力を喪失または一部喪失した時、法に基づいて後見責任を負う」と定めている。

17 民法通則においては順位付けがされていない。ただし、民法総則の制定前、既に1988年の最高裁判所（最高人民法院）の司法解釈において、民法通則で列記された後見人のなかでの指定順位が定められていた（「最高人民法院関於貫徹執行《中華人民共和国民法通則》若干問題的意見（試行）」［「中華人民共和国民法通則」を貫徹実施するためのいくつかの問題に関する最高裁判所の意見（試行）］（最高人民法院審判委員会1988年1月26日）。

18 同上

19 同上

20 "Peru: Milestone disability reforms lead the way for other States, says UN expert（4 September 2018）," at https://www.ohchr.org/EN/NewsEvents/Pages/DisplayNews. aspx?NewsID=23501&LangID=E（アクセス日：2020年1月6日）。

21 中国には判例による先例拘束の原則はないものの、最高裁判所から下級裁判所が類似事件を扱う際に「参照」すべきものとして「指導性案例」が公布され、制度化されている。法的位置付けは明確でないものの、近年はここで示したモデルケースのように分野ごとに「典型案例」が出されている（高見澤・鈴木 2017, 11-13）。

22 ここでいう精神疾患（原語：精神障碍）とは、各種原因によって惹起される感情、情感および思惟等の精神活動の失調または異常が、患者の明白な心理的苦痛または社会適応能力等の障害をもたらすことをいう。重度精神疾患とは、症状が重く、それにより患者の社会適応能力等の障害が自己の健康状況または客観的現実について完全には認識できず、または自分がやるべきことを処理できない精神疾患をいう。また、精神疾患患者の後見人とは、民法通則の関係規定により後見人を担当することができる者をいう、と規定されている（精神衛生法第83条）。

23 「最高人民法院関与適用〈中華人民共和国民事訴訟法〉若干問題的意見」第67条。

24 2020年1月の北京の障害者就業サービス会社とのインタビューより。

〔参考文献〕

〈日本語文献〉

池原毅和 2010「法的能力」松井亮輔・川島聡（編）『概説 障害者権利条約』法律文化社, 183-199

上山 泰 2018「法的能力」長瀬修・川島聡（編）『障害者権利条約の実施——批准後の日本の課題』信山社, 195-217

小林昌之 2010「中国の障害者と法——法的権利確立に向けて」小林昌之（編）『アジア諸国の障害者法——法的権利の確立と課題』アジア経済研究所, 65-92

————2018「中国」長瀬修・川島聡（編）『障害者権利条約の実施——批准後の日本の課題』信山社, 411-433

銭 偉栄 2017「翻訳：中華人民共和国民法総則」『松山大学論集』第29巻第2号, 251-293

高見澤磨・鈴木賢（編）2017『要説 中国法』東京大学出版会

直井義典 2017「中国民法総則における行為能力規定」『筑波ロー・ジャーナル』第23号, 177-209

長瀬 修 2008「障害者の権利条約における障害と開発・協力」森壮也（編）『障害と開発——途上国の障害当事者と社会』アジア経済研究所, 97-138

〈英語文献〉

International Disability Alliance (IDA) 2012a. "IDA proposals for the list of issued on China CRPD Committee, 7th Session, at http://www.ohchr.org/EN/HRBodies/CRPD/Pages/Session7.aspx（アクセス日：2013年10月1日）

———— 2012b. "Recommendations on China CRPD Committee, 8th Session, at http://www.ohchr.org/EN/HRBodies/CRPD/Pages/Session7.aspx（アクセス日：2013年10月1日）

〈中国語文献〉

杜万華 2017『中華人民共和国民法総則実務指南』［中華人民共和国民法総則実務ガイド］中国法制出版社

陳博 2015「精神障碍者民事独立起訴権的実践与発展：従《精神衛生法》到《残疾人権利公約》」［精神障害者の民事訴権の独立に関する実践と発展：精神衛生法から障害者権利条約に至るまで］『残障権利研究』第2巻第1期，216-229。

李建国 2017「関於《中華人民共和国民法総則（草案)》的説明——2017年3月8日在第十二届全国人民代表大会第五次会議上」［「中華人民共和国民法総則（草案)」の説明について——2017年3月8日の第12期全国人民代表大会第5回会議にて］，at http://www.npc.gov.cn/npc/xinwen/2017-03/09/content_2013899.htm（アクセス日：2019年2月28日）

最高人民法院 2016 「最高人民法院公布10起残疾人権益保障典型案例」［最高裁判所による障害者の権利利益を保障する10件のモデル事例の公布］（2016年5月14日），at http://courtapp.chinacourt.org/zixun-xiangqing-20871.html（アクセス日：2020年1月6日）。

楊立新 2017『中国民法総則研究（上巻)』中国人民大学出版社

一加一（北京）残障人文化発展中心 2012「一加一報告：聯合国《残疾人権利公約》中国実施状況」［一加一報告：国連「障害者権利条約」実施状況］，at http://www.ohchr.org/EN/HRBodies/CRPD/Pages/Session7.aspx（アクセス日：2013年10月1日）。（邦訳：http://www.arsvi.com/2010/1203opo.htm）

中国残疾人聯合会（各年）『中国残疾人事業統計年鑑』［中国障害者事業統計年鑑］（各年版）中国統計出版社

第4章
台湾における障害者の法的能力

長瀬 修

はじめに

　本章では、台湾における法的能力を障害者権利条約第 12 条（法律の前にひとしく認められる権利）との関連で検討する。

　台湾という地域を統治している政府の名称は中華民国である[1]。1945 年の国際連合の創設メンバーである中華民国政府は、中国共産党との内戦に敗れ、1949 年に中国大陸から台湾に移転した後も、国連での中国の代表権を保持していたが、1971 年の国連総会が中華人民共和国を、中国を代表する国として認めた際に国連を脱退している（張紹鐸 2007）。2020 年 6 月末時点での承認国は 15 カ国である。

　日本は戦争状態を終結させるために 1952 年に中華民国と日華平和条約を締結したが、1972 年の日中国交正常化に伴って中華人民共和国を承認し、中華民国と断交した。その後の日本は台湾に関して、「思考停止」に陥っていると野嶋は指摘している（野嶋 2016, 55）。そして中華民国は歴史的存在としては意識されるが、台湾の統治機構という現在の政治的存在として把握されることは稀である。しかし、台湾には中華民国政府という独自の統治機構が実態として存在している。

　その台湾における障害者の法的能力の位置づけを、2006 年に国連総会が採択した障害者権利条約第 12 条の実施という観点から成年後見制度を

中心に本章では探る。台湾では、2009年に従来の禁治産制度を後見制度に改め、それまでの一元制度から二元制度に改めるという制度改革が行われた。さらに2019年には任意後見制度が導入された。分析にあたっては障害者権利条約を国内法として位置づけ、さらに独自に「批准」した中華民国政府が2017年に国連システム外で同条約の実施状況の審査を実施した際の資料も活用する。

第1節　禁治産制度から後見制度への転換の背景

　1949年の国民党政権の台湾移転に伴い、中華民国の法体系が台湾にもたらされた（後藤2009）。その法体系には中華民国民法も含まれていた（宮畑2016）。この民法の下で、禁治産制度が規定され、法的に禁治産者は行為能力なしとみなされていた（林2012; 陳誠亮2017）。禁治産に関連する規定は、民法総則と民法親族法の両方に設けられ、総則は、宣告や能力の制限を規定し、親族法は後見人に関してそれぞれ規定していた（鄧2014）。

　旧民法総則14条は、「心神喪失または心神耗弱により自己の事務を処理できない者について、裁判所は、本人、配偶者、最も近い親等の親族2人または検察官の申し立てにより、禁治産宣告をなすことができる」（林2013, 326）と規定していた。しかし、台湾社会の高齢化に伴い、後見制度の役割に関心が高まった（鄧2014）[2]。

　そして、1990年に制定され1992年に施行されたドイツの世話法と、1999年の民法改正に基づき2000年に施行された日本の新後見制度が台湾に影響を与えた（林2014）。特に2000年の日本の禁治産制度の廃止と成年後見制度開始が台湾の禁治産制度から後見制度への転換の「最も主要な契機」だったとされている（陳自強2013, 87）。

　同年、2000年に中華民國智障者家長總會という知的障害者の親の会をはじめとする民間組織が、取り組みを開始した（林2012）。そうした動きを受けた法務部（法務省）が2002年から禁治産制度の見直しに着手し、

2008年5月に国会に当たる立法院が改正法を成立させ、2009年11月に施行された[3]。

第2節　成年後見制度の概要

　2009年の成年後見制度の理念として、従来の禁治産制度と比べて①自己決定権の尊重、②残存能力の活用、③差別のない共生社会づくり、④柔軟性のある対応が指摘されている。そして、主な改正点として①禁治産から成年後見という名称変更で人権を尊重すること、②「輔助」（補助）の導入による2元構造化による柔軟な取り扱いを可能にすること、③「輔助」の導入により、重要な法律行為への輔助人の同意を必要とすること、④未成年後見と成年後見の体系の一致、⑤戸籍への登記による取引の安全確保が挙げられている（鄧2014）。

　法改正後の後見制度（中国語では監護制度）では「監護」（後見）に加えて新たに「輔助」類型が設けられた。「監護」類型は、改正された民法第14条が「精神上の障害またはその他の知能上の障害により、意思表示をすることもしくは意思表示を受けることができず、又はその意思表示の効果を弁識することができず、又はその意思表示の効果を弁識することができない者については、裁判所は、本人、配偶者、四親等以内の親族、最近1年間に同居した事実のあるその他の親族、検察官、主管機関又は社会福祉団体の請求により、後見の宣言をすることができる」と規定し、続く第15条が、「監護」宣告を受けた者は行為能力を有しないと定めた（林2012a, 81）。つまり、「監護」宣告を受けた人の「行為は、取り消しうるものではなく、無効」である（林2012b, 235）。なお、主管機関とは、具体的には国と地方の行政機関を指す。そして、監護人は財産管理と身上監護を行うと規定されている。身上監護に含まれる医療行為については後述する。

　新設された「輔助」類型は、改正された民法第15条の1第1項が「精神上の障害またはその他の知能上の障害により、意思表示をする、意思表

示を受ける、またはその意思表示の効果を<u>弁識する能力が著しく不十分で</u><u>ある者について</u>、裁判所は、本人、配偶者、四親等以内の親族、最近1年間に同居した事実のあるその他の親族、検察官、主管機関又は社会福祉団体の請求により、輔助の宣言をすることができる」（下線筆者）と規定し、第15条の2第1項では「輔助宣告を受けた者が次に掲げる行為をするには、その輔助人の同意を得なければならない。但し、単に法律上の利益を得、又はその年齢及び身分に応じて日常生活上必要とされるものについては、この限りでない。一、単独の出資者、組合契約による事業の共同経営をするまたは法人の責任者となること。二、消費貸借、消費寄託、保証、贈与又は信託をすること。三、訴訟行為をすること。四、和解、調停、不動産に関する紛争による調停又は仲裁合意をすること。五、不動産、船舶、航空機、自動車又はその他重要な財産の処分、負担の設定、売買、賃貸借又は使用貸借をすること。六、遺産の分割、遺贈、相続権又はこれに係わる権利の放棄をすること。七、裁判所が前条に定める請求権者又は補助人の請求により指定したその他の行為をすること」と規定している[4]。列挙されている6項目そして裁判所が追加した項目に関して、補助人の同意が必要であり、被輔助人の単独行為は無効である（張清雲 2009; 黄 2014）[5]。

第3節　医療行為を含む身上監護の課題

　身上監護の大きな要素である医療行為に関する決定と同意との関係は、法的能力との関係で障害者権利条約の第12条と密接な関係がある[6]。

　日本の成年後見制度と異なり、台湾の後見制度においては、監護・輔助人が医療行為への同意権を持っていると解されるのが一般的である。そのため、個別法である優生保健法と精神衛生法に重大な問題があると指摘されている。すなわち優生保健法の規定に基づいて監護・輔助人が実質的に不妊手術について代行決定ができ、実際に行われている。精神衛生法では、重度の精神病者には保護者の選定が求められ、その保護者の同意によって、

電気痙攣療法や精神外科手術が行われたり、自由のはく奪が行われる（黄 2014; 戴 2015）。

　障害者権利条約交渉過程において、医療行為への同意全般、とくに精神科の強制的治療は第 12 条（法的能力）、第 14 条（身体の自由及び安全）、第 15 条（拷問又は残虐な、非人道的な若しくは品位を傷つける取扱い若しくは刑罰からの自由）、第 17 条（個人をそのままの状態で保護すること）、第 25 条（健康）において非常に大きな論点となった[7]。

　台湾の精神保健法（精神衛生法）は、強制的入院・治療を定めている[8]。なお、日本では 1946 年から 1996 年まで存在していた優生保護法の下で、本人が同意していない不妊手術が行われた事例について、2018 年に被害者から国に対して国家賠償請求訴訟が提起され、優生学に基づく障害者に対する不妊手術の問題への認識がようやく社会的に共有されるようになり、2019 年 4 月に「旧優生保護法に基づく優生手術等を受けた者に対する一時金の支給等に関する法律」が成立している[9]。台湾のこの問題については、2017 年の条約審査も関心を寄せ、「個人をそのままの状態で保護すること」に関する条約第 17 条において、勧告を行っている[10]。

第 4 節　障害者権利条約と台湾

　1971 年に国連を脱退した中華民国は、国際的に孤立し、国際的な条約にも加盟できない状態が続いている。しかし、人権の促進という観点から、2000 年に成立した民進党政権下で人権の問題に積極的に取り組みを始め、国民党政権下でも国際的な人権条約の国内実施の取り組みを続けた。その背景には、人権の取り組みを進めることは、安全保障と国際的地位の問題に貢献するという認識がある（deLisle 2019）[11]。

　国内実施は具体的には、国際人権条約を国内法で位置づけるという形で行われている。すでに障害者権利条約を含む 5 つの国際人権条約の実施をそれぞれの施行法という形で進めてきている[12]。すなわち、①市民的及び

政治的権利に関する国際規約（自由権規約）施行法（2009年12月10日施行）、
②経済的、社会的及び文化的権利に関する国際規約（社会権規約）施行法
（2009年12月10日施行）、③女子差別撤廃条約施行法（2012年1月1日施行）、
④子どもの権利条約施行法（2014年11月20日施行）、⑤障害者権利条約施
行法（2014年12月3日施行）である。

　障害者権利条約の場合は、立法院が2014年8月1日に同条約の施行法
（身心障礙者権利公約施行法）を成立させた。同月20日に総統によって公
布され、同年12月3日から施行された、12条からなる施行法の概要は次
のとおりである。①本法は障害者権利条約（以下、条約）の実施を目的と
する。②条約は国内法の効力を有する。③実施においては、障害者権利委
員会の解釈を参照する。④政府のすべてのレベルで条約の規定を遵守する。
⑤政府は障害者組織の意見を求める。⑥政府は障害者権利推進委員会を設
置し、その定期的会議を開催し、調整、研究、検討、協議を行う。同委員
会は、（1）条約に関する研修を実施し、（2）政府のすべてのレベルの条約
実施を監督し、（3）中華民国での障害者の権利状況を調査し、（4）国家報
告の提出と審査を行い、（5）条約違反に関する苦情を受理し、（6）学識経
験者と障害者組織の代表が委員数の半数以下にならないようにする。（7）
初回国家報告提出は本法の施行後2年以内とし、その後は4年ごととする。
（8）権利侵害が行われた場合、障害者は苦情を申し立てることができる。
（9）条約実施のための予算確保は優先事項である。（10）各レベルの政府
機関は法的・行政的方策に関する優先的検討リストを本法施行1年以内に
作成する。条約との不整合性は法的・行政的対応によって本法施行3年以
内に解消する。残る法的・行政的改善は本法の施行5年以内に実施する。
（11）本法が規定していない事項について政府は、条約と障害者権利委
員会の解釈を参照する。（12）本法の施行時期を規定している（長瀬 2015）。
このように、包括的に条約を受け入れる方式を用いて、台湾の基準を国際
的基準に適合させるものであり、施行法は個別法の上位に位置付けられる
基本法の性質を持っている（蔡 2018）。

さらに、この施行法とは別のプロセスとして、「批准」も行われた。国連加盟国として扱われない中華民国政府からの条約批准手続きを国連は受け付けていないため、結果として国内的手続きとしての「批准」である。2016年4月22日に立法院が条約加入書を総統に送付し、翌5月16日に、総統は加入（署名を抜きにして、条約に拘束される意思の表明）手続きを行った[13]。

第5節　2017年の初回審査における法的能力と成年後見制度

5-1　報告ガイドラインと12条

国連障害者権利委員会の国家報告に関する報告ガイドラインは第12条について、次のように述べている（障害者権利委員会 2009）。

> この条文は、障害のある人が、法律の前に人として認められる権利を有することを再確認するものである。締約国は、以下について報告しなければならない。
> 1. 障害のある人が、生活のあらゆる側面において、他の者との平等を基礎として法的能力を享有することを確保するために、締約国によってとられた措置。特に、障害のある人の身体的および精神的なインテグリティの維持、市民としての完全参加、財産の所有または相続、自己の財務管理の平等な権利と、銀行貸付、抵当その他の形態の金融上の信用への平等なアクセスを持つ権利、ならびに障害のある人がその財産を恣意的に奪われない権利を確保するための措置。
> 2. 障害を理由に完全な法的能力を制限する法律が存在するかどうか、また、条約第12条の順守に向けてとられている行動。
> 3. 障害のある人が、その法的能力の行使と自己の財務管理に利用できる支援。
> 4. 支援付き意思決定モデルの悪用に対する保護措置の存在。

5. すべての障害のある人の法律の前における平等な承認に関連した、
   意識向上と啓蒙活動。

このように報告ガイドラインは、完全な法的能力の保持や、心身面の侵
襲からの保護、財産保護、社会参加等に関する締約国の報告を求めている。

5-2　国家報告

施行法に基づいて、行政院は 2016 年 12 月に障害者権利条約の実施状
況に関する初回国家報告（中国語）を公表した（行政院身心障礙者權益推動
小組 2016)[14]。その後、2017 年 3 月に中国語の点字版・音声版と共に英語
版を公表した（表 1）。注目されるのは、行政院のみならず、司法院や立法
院のとった施策に関しても記述していることである。その意味で、まさに
国家報告となっている。例えば日本では、三権分立の考え方から、報告
は「政府報告」、すなわち行政府による報告であり、司法府や立法府に関
する記述は報告においても「と承知している」と記述されている（外務省
2016, 27)。

表 1　中華民国の障害者権利条約タイムライン

2014 年 8 月	障害者権利条約施行法成立
2014 年 12 月	障害者権利条約施行法施行
2016 年 12 月	初回報告（中国語）公表
2017 年 3 月	初回報告（英語）公表
2017 年 7 月	国際審査委員会による事前質問事項送付
2017 年 8 月	事前質問事項への政府による回答
2017 年 10 月	建設的対話（台北）
2017 年 11 月	総括所見公表（台北）
2019 年 1 月	「障害者権利条約初回国家報告国際審査委員会総括所見回答表」 （行動計画）公表

（出所）著者作成

国家報告は第12条について、第75段落から第79段落に記述している。法的能力と成年後見制度について触れているのは、以下の第75段落である[15]。

75. 身心障礙者為我國《民法》所保護之對象、擁有凡為自然人皆擁有的權利能力。《民法》中設有監護宣告或輔助宣告機制、得保護無行為能力或無意思能力人之財產權。並訂定得純獲法律上利益、或依其年齡與身分、日常生活所必須者、受監護或輔助宣告之人亦能行使其同意權利、以維護其生活及權利。此外、我國《信託法》為了信託制度合理、正常運作、保障交易安全、僅就涉及行為能力或受監護或輔助宣告定有規範、而無限制身心障礙者之規定。

以下、試訳である。

75. 障害者は我が国の民法による保護の対象であり、すべての自然人と同様に権利能力を有する。民法は監護宣告と輔助宣告の仕組みを持ち、行為能力または意思能力のない者の財産権を保護する。さらに、民法はこうした者が純粋な法律上の利益を獲得している、すなわち、自らの生活と権利を守るため、年齢、身分そして、日常生活の必要に応じて、被監護人または被輔助人は自ら同意権を行使することができると規定している。その他、信託法は、信託制度の合理的な運用および取引安全の保護のため、行為能力または被後見人、被輔助人に規制を設けている。しかし、こうした規定は障害者に限るものではない。

まず注目したいのは、第1文において、すべての人が持つのは「権利能力」であるとしている点である。つまり、法的能力を限定的に権利能力と解釈している。英語版では「法的能力」に当たる"legal capacity"が用

いられている[16]。そして第2文で、民法の後見制度（「監護」宣告と「輔助」宣告）は、「行為能力」のない者の財産権の保護のためであるとしている。

　なお、英語版で他の箇所で"legal capacity"への言及があるのは、保健に関する25条の205段落のみであり、「人体研究法」（人體研究法）に関する同意について、当該者の制限された"legal capacity"という部分が中国語では、「行為能力」の制限とされている。

　問題なのは、同意権に触れている第3文である。「被監護人または被輔助人は自ら同意権を行使することができると規定している」という部分は理解に苦しむ。これは、民法14条の通常の解釈とは異なっているためである（黄 2020）。

　また信託法についての第4文で、障害者だけではないという権利制限の正当化は「誠実ではない」という批判がある（黄 2020, 191）。

　12条に関する残りの76段落から79段落は銀行法など金融と財産に関するものである。

5-3　市民社会からのパラレルレポート

　包括的なパラレルレポートを提出したのは、「中華民国身心障礙聯盟」（League for Persons with Disabilities, R.O.C）と　人権規約施行監督連盟（人權公約施行監督聯盟：Covenants Watch）を中心とするグループの2つである[17]。

　前者は1990年に設立され、2017年2月時点で127の障害者組織、親の組織、財団、事業者が構成した組織であり、そのレポートは、75段落に関して、「監護」と「輔助」両方を含む台湾の後見制度の主に手続き面の課題に着目した。勧告として、後見制度の利用が過剰でないかどうかを把握するために制度利用の現状に関するデータ公表と共に、制度の利用者が制度の利用を停止したり、類型変更を求める際に支援が得られる手続きと専門家チームの発足提案を行った（League for Persons with Disabilities, R.O.C, 2017）。

　後者は、2009年の自由権規約と社会権規約の国内法化を契機として成

立した人権組織である人権規約施行監督連盟がまとめ役となり、障害者組織をはじめとする他の16団体と共同作業を行ったレポートを公表した（Covenants Watch, 2017）[18]。人権規約施行監督連盟は台湾での人権条約の実施過程で非常に大きな役割を果たしてきている（Chang 2019; 張文貞 2019）[19]。

　そして、12条に関する75段落について、台湾における成年後見制度は条約12条と一般的意見第1号に違反するものであるとした。民法15条によって「監護」を宣告された者は、法的能力を欠く者の意思表明を無効であると規定する同75条によって、財産管理のみならず、結婚、遺言、法人の代表権、医療行為、選挙権など意思の表明を要するすべての法的行為において影響を受けているとした。

　人権規約施行監督連盟グループは、個人の権利をはく奪する後見制度を見直し、支援付き意思決定制度の策定を求め、以下の5点を具体的に提言した。

①手続き上の保護の改善：後見制度を利用する当該障害者の利益を代表する、独立した代表者（制度利用開始後にも、その利用の停止を提案できる）を法的に設置する。

②定期的見直しの導入：現在は「監護」、「輔助」共に開始後、無期限で適用されているが、定期的な見直しを法的に導入する。

③信託制度の見直し：信託法には障害者の財産保護規定があるものの、権利制約をもたらす後見制度の利用が前提となってしまっている。後見制度と信託法下の障害者の財産保護を切り離す。

④支援付き意思決定制度の創出の検討：支援付き意思決定システムを研究するための作業グループを設置する。その際にはアイルランドの先行例などを参考とするとともに、障害者の意見を広範に求める[20]。

⑤後見制度と憲法の関係の整理：関連する法律の見直しが完了するまで、「監護」に関する疑義が発生した場合は、憲法解釈を担う司法院の「大法官會議」が関連する憲法解釈を行うものとするほか、その解釈が出されるまでは、「監護」宣告手続きは停止する。

5-4 事前質問事項

　中華民国政府によって依頼された 5 名の国際専門家によって構成される国際審査委員会（International Review Committee）は国家報告と障害者組織を含む市民社会からのパラレルレポートをもとに、国連の障害者権利委員会の実際の審査に対応する形で、事前質問事項を 2017 年 7 月に同政府に提示した。

　国際審査委員会は、2014 年に成立した障害者権利条約施行法の第 8 条に基づき設置された。同条は、「政府は、障害者の権利に関する報告システムを確立するものとする。最初の国家報告は、この法律の施行から 2 年以内に提出されるものとする。その後、国家報告は 4 年ごとに提出されるものとする。関連する学術専門家および民間組織の代表者は、報告を審査するよう招待される。前項の規定に関連する学術専門家は、国際連合における障害者の権利の問題に経験を持つ者を含むものとする。政府は、その意見に基づいてその後の方針を検討し、定期的に報告システムの状況を確認するものとする」と規定している。

　国連加盟国の場合は条約を批准し、その報告を障害者権利委員会が審査するが、国連加盟国でない中華民国の場合はその仕組みが使えないために、独自の審査方法をとっている。この国際審査委員会は、障害者権利委員会の役割を審査において果たすものである。その役割は具体的には、①事前質問事項の作成、②建設的対話の実施、③総括所見の作成である[21]。

　同委員会メンバー（個人の資格で参加）はアドルフ・ラツカ（スウェーデン）、ダイアン・キングストン（英国）、ダイアン・リッチラー（カナダ）、マイケル・スタイン（米国）、長瀬修（日本：互選により委員長）である。キングストンは障害者権利委員会委員副委員長を務めた経験があり、その知見は、障害者権利委員会の法体系（jurisprudence）に従った勧告を出す取り組みを行った国際審査委員会において非常に有用だった[22]。

　12 条に関する事前質問事項は以下のとおりである。

26. 障害者権利委員会による一般的意見第1号の解釈に基づき、民法を
    障害者権利条約第12条に適合させるために国がどのような措置を
    とったかについて、委員会に情報を提供されたい。
27. 後見制度下にある知的障害者数と精神障害者数と、後見制度下にな
    い知的障害者数と精神障害者数を委員会に情報提供されたい。

（長瀬訳）

5-5　政府からの回答

　事前質問事項に対して、政府は2017年9月に回答を公表した（衛生福
利部 2017）。まず、26段落が問う、12条に適合させるための措置として は、
「監護」と「輔助」は本人がコミュニケーション能力を喪失しない限り宣
告されないため、本人の選択肢を増やすために、任意後見制度導入のため
の研究を行っており、法的整備を至急進めるとした。

　第27段落の質問については、以下の宣告数の回答があった。

年	「監護」宣告数	「輔助」宣告数
2014	3609	260
2015	3799	263
2016	4081	266

（出所）衛生福利部（2017）

　より広範囲な範囲での制約を伴う「監護」宣告数が「輔助」宣告よりも
十数倍あるという実態が明らかになっている。これは、後見類型が圧倒的
に多い日本の現状とも重なる。
　後見制度下にない知的障害者数と精神障害者数については、データが
ないという回答だった。また、精神衛生法の規定する、重度の精神病者
（7900人）に対して保護者（保護人）が付されると記されている。

5-6 建設的対話・総括所見

　審査は、5名の国際専門家によって構成される国際審査委員会によって2017年10月30日から11月3日まで台北にて行われた。審査には、委員会と障害者組織とのセッション、委員と政府との建設的対話（委員による口頭質問と政府からの口頭回答、必要に応じて再質問と再回答）、そして総括所見の採択と公表が含まれた。障害者権利条約の締約国の場合は、事務局を務める国連人権高等弁務官事務所（OHCHR）があるスイスのジュネーブにおいて障害者権利委員会との建設的対話が行われる。台湾の場合は国際審査委員会の委員が、台北に出向く形で行われるため、政府側や障害者組織をはじめとする市民社会の代表が、ジュネーブまでの移動経費および高額なジュネーブの滞在費を賄う必要がなく、専門家とのより広範な対話が政府側、市民社会側両方にとって可能な点にメリットがあった。興味深いことに、2020年の国連総会での障害者権利委員会を含む国連人権条約機関の見直しに関して、国際障害同盟を含む市民社会から、審査を審査対象国において行うという提案がなされている（International Disability Alliance 2019）。

　国際審査委員会が公表した総括所見の第12条に関する部分は以下のとおりである。

38. 国際審査委員会は、国連の障害者委員会一般的意見第1号の解釈に従って、国内法を障害者権利条約第12条に国が調和させていないことを懸念する。これらの国内法の中には、民法、信託法、および関連するすべての法律が含まれる。国際審査委員会は、後見制度の下に置かれた障害者が、自分の意志、選好または自律を表現するための法的能力を否定されるという広範に見られる状況にとりわけ着目する。そのような状況には、婚姻、選挙権、公共サービス、不動産の処分、金融サービスの利用、雇用、不妊・断種を含む医療手続きへのインフォームドコンセントが含まれるが、これらに限定されない。国際審査委員会はさらに、国が法的能力と意思決定能力の概

念を混同していることを懸念する。

39. 国際審査委員会は、国が関連するすべての法律、政策、手続を修正し、適切な資源の提供を含む、国連障害者権利委員会一般的意見第1号に準拠した、支援付き意思決定制度を導入することを勧告する。法的能力と意思決定能力は別個の概念である。国際審査委員会は、以下の概念に基づいて、裁判官を含むすべての公務員の訓練を勧告する。法的能力は、権利と義務（法的地位）を保持し、その権利と義務（法的主体性）を行使する能力である。意思決定能力とは、人間の意思決定スキルを指す。人間の意思決定スキルは、人によって異なり、環境や社会的要因を含む多くの要因に左右される。

(長瀬 2018c, 149)

　障害者権利委員会が採択する総括所見と同じスタイルで、まず懸念事項を示し、次の段落で勧告事項を示している。懸念事項としては、後見制度によって法的能力、すなわち行為能力を広範囲に否定されている現状は条約に則ったものではないことを指摘した。そして、支援付き意思決定制度の導入を勧告した。混同されがちな、法的能力（行為能力）と意思決定能力（mental capacity）の違いにとくに注意を喚起している。一般的意見第1号は、「認識された、あるいは実際の意思決定能力の不足が、法的能力の否定を正当化するものとして利用されてはならない」としている（障害者権利委員会 2012）。

5-7　総括所見の行動計画

　2019年1月に政府は、「障害者権利条約初回国家報告国際審査委員会総括所見回答表」（行動計画）を公表した（衛生福利部 2019）。これは総括所見を受けて、政府の各担当当局が勧告事項に関する検討を行い、完了時期を含む形で、フォローアップの行動を明示する文書である。中国語で239頁、英文で340頁に及ぶ大部のこの行動計画の12条に関する枠組みを以下に示す。

行動計画第12条

①総括所見		②担当当局
［中文］ ・38段落 ・39段落	［英文］	・法務部 ・その他の関連機関：司法院、 衛生福利部（社会家庭局）
③背景と課題分析	④行動計画と完了予定時期	⑤人権指標
A. 後見制度（法務部） B. 司法職員研修（司法院） C. 矯正施設での意見表明 （法務部）	・2018年に実施もしくは完 了されたプロジェクト ・短期目標（2021年1月1 日までに完了予定）	・構造指標 ・プロセス指標

（出所）衛生福利部（2019）

　まず、①（番号は便宜上に著者が振ったもの）において、総括所見の該当箇所（12条の場合は上述の38段落と39段落）を示し、その右の②で担当当局として法務部（法務省）、司法院、衛生福利部（厚生労働省）の3つが記載されている。国家報告と同様に、行政院以外に司法院も担当当局として指定されている。

　総括所見への「回答」となっているのが③の部分である。この部分では担当当局の総括所見への見解が示されていて興味深い。Aの「監護」と「輔助」を含む後見制度に関する総括所見に対する法務部の見解はおおむね次のように示されている。

　　代替的意思決定は障害者権利条約に違反するという主張をする研究者も一部いる。12条の下で、持続的植物状態のような場合にのみ、代替的意思決定が認められる。台湾の現在の後見制度は、持続的植物状態にある人、重度の知的障害もしくは精神障害のある人、言語的能力がない人や顕著に認知機能が低下している人など、持続的に判断能力を欠く人を対象としている。民法15条は、意思決定能力（mental capacity）を欠く人の権利を制約するものではなく、そうした人の保護を図るものである。したがって台湾の現行後見制度は廃止されない。任意後見制度の導入によって、尊厳と自己決定が守られる。

136

④の行動計画の部分では、2018年中の民法改正案に関する動きを報告し、次に2020年末までの短期目標として、支援付き意思決定に関する研究グループと、任意後見制度の導入を挙げた。

　⑤の人権指標の欄では、構造指標として任意後見制度に関する法改正の動き（行政院、司法部、法務部、立法院）を盛り込んだ。プロセス指標としては、後見制度と権利行使に関する障害者の保護（法務部）と裁判官の意思決定能力と行為能力に関するトレーニング（司法院）を盛り込んだ。

5-8　任意後見制度導入

　立法院は民法改正を行い、2019年6月21日に任意後見制度（「意定監護」）が施行された。任意後見制度についてはすでに10年以上前から議論されてきた経緯がある（孫 2019）。

　総括所見は、この法改正による任意後見制度導入の後押しの役割を多少なりとも果たした可能性はある。しかし、新たに導入された「台湾の任意後見制度は、法定後見とほとんど同じもので、唯一異なる部分は、任意後見人が本人によってえらばれたものだということに尽きる」、その背景には、法務部の消極的な姿勢があり、その結果として東アジアにおいて「台湾における任意後見制度は導入が最も遅い2019年であるにも関わらず、内容がもっとも硬直的であり、落胆させられるものと言わざるを得ない」という厳しい指摘がある（黄 2020, 206）

おわりに

　法的能力に関する議論は障害者権利条約交渉の中でも、非常にニュアンスに富むものであり、12条の解釈にも幅がある（池原 2010; CRPD 2014; 川島 2014; 上山 2018）[23]。台湾の政府、法務部が報告や行動計画で示している解釈もそうした議論を反映している。しかし、幅広い解釈の下でも、障害者の権利を認めるという障害者権利条約が目指す方向に近づくための十分

な努力は見られない。法的能力の剥奪と権利の制限によって、本人の保護を図る台湾の現状の後見制度を条約が目指す方向に向かわせようとする力は弱い。

　そして、代替的な意思決定、台湾での「監護」が最終的な手段（ラストリゾート）に限られているかどうかを含む後見制度の全体的見直しが必要であるにもかかわらず、そうした認識は初回審査の過程では見出せない。

　さらに重大なのは身上監護に関する規定の欠落である。「監護」を宣言されると、行為無能力者とされ、優生保健法が規定する不妊手術も「監護」人が決定する制度となっている。また精神衛生法は、後見制度とは別に非常に大きな裁量を持つ「保護者」制度があり、黄は「重度患者の権利を制限し、保護者に代理決定をする権限を与えた結果、監督を受けない代行決定者が発生し」、民法の「監護」人と比べても「危険な制度となっている」（黄 2014, 130）としている。

　折角の総括所見の行動計画という国際的にも非常に稀な総括所見を活かす枠組みがありながら、少なくとも 12 条に関しては、その中身が非常に薄いと言わざるを得ない。12 条の行動計画という器に盛られているのが、単に任意後見制度の導入にとどまり、しかも先行する他の任意後見制度の利点を反映していないのみならず、「監護」と「輔助」という民法、そして精神衛生法の保護者規定を含む制度全体の見直しとなっていないという課題は非常に大きい。

【謝辞】
　黄詩淳氏（国立台湾大学法学部）をはじめとする、現地調査の際に協力してくださった台湾の皆様に心より感謝する。

［付記］
　本研究は、JSPS 科研費 18K01981 の助成を受けたものである。記して謝す。

〔注〕

1　台湾本島と澎湖諸島に加えて、中国大陸沿岸の金門島と馬祖島や、南シナ海の南沙諸島（太平島）や東沙諸島などを統治している国家としての中華民国政府と地域としての台湾の関係は非常に複雑である。たとえば1949年の台湾移転後も「全中国」を代表する存在として国連の場で認知され続けることに中華民国政府は強い価値を見出していた面がある（張紹鐸 2007）。中華民国総統の蒋介石（1887-1975）は大陸反攻を長期にわたって掲げていた（何 2014; 佐橋 2015）。「中華民国」と「台湾」の関係の興味深い一例は、筆者が会員委員会（membership committee）委員長を務めている、知的障害者と家族の国際的ネットワークである、インクルージョンインターナショナル（国際育成会連盟）の台湾の組織の名称である。その中国語名称は、中華民國智障者家長總會であり、「中華民國」と明記されているが、英文名称は、"Parents' Association for Persons with Intellectual Disability, Taiwan" であり、中華民国の英文名称である Republic of China は含まれていない（https://www.papmh.org.tw/；2019年2月9日アクセス）。中華民国政府と台湾（そして中華人民共和国）の複雑で微妙な関係は本稿の重要な背景として、読者の意識の一端に置いていただければ幸いである。なお、陳來幸の言う『「国家」の揺らぎ』（陳 2016, 5）という問題意識からも、中華民国に「残された時間は、予想よりも短いかもしれない」という本田の指摘も注目される（本田 2017, 72）。

2　鄧は改正前の禁治産制度の問題点として、次の9点を指摘した。①禁治産という名称の人間の尊厳への不尊重、②行為能力の一律な行為無能力者化（高齢化社会に対応していない硬直した制度）、③禁治産宣告の要件の実際の状況への対応不足、④公示制度によるプライバシーへの侵害（その危惧による利用の抑制）、⑤鑑定の手続きの不経済と基準の不一致（鑑定人不足と禁治産宣告手続きの高額な費用）、⑥十分な後見の支援システムの未整備、⑦後見監督人制度の未設置（親族会議による監督）、⑧被後見人の人権の無視、⑨未成年後見規定の準用である（鄧 2014）。

3　「五権分立」を採用している中華民国憲法は立法院、行政院、司法院、監察院、考試院の五院を設け、立法院は「国家最高の立法機関」とされている（第62条）（https://www.roc-taiwan.org/jp_ja/cat/15.html；2019年2月14日アクセス）。

4　本節での民法の訳文は、林（2012, 81）に修正を加えた。具体的な修正は、「独資」を「単独の出資者」とした点と「補助」を「輔助」とした点である。

5　台湾の「輔助」類型は日本の保佐類型に相当するとされている（黄 2014）。

6　障害者権利委員会による「一般的意見第1号（2014年）第12条：法律の前における平等な承認」は同12条と密接な関係のある条文として、「司法へのアクセス（第13条）、精神保健施設への強制的な監禁からの自由の権利と、精神保健治療を強制的に受けさせられることがない権利（第14条）、身体的及び精神的なインテグリティを尊重される権利（第17条）、移動の自由及び国籍の権利（第18条）、どこで誰と生活するかを選択する権利（第19条）、表現の自由の権利（第21条）、婚姻をし、家族を形成する権利（第23条）、医学的治療に同意する権利（第25条）、投票し、選挙に立候補する権利（第29条）が含まれる」としている。（http://www.dinf.ne.jp/doc/japanese/rights/rightafter/

crpd_gc1_2014_article12_0519.html；2019 年 2 月 17 日アクセス）。

7 Flynn,E., Arsten-Kerslake,A.,Bhalis, C, d. Serra, M.L. (eds) 2019 は、法的能力を①刑事責任能力、②契約能力、③関係と性行為への同意、④医療的処置への同意の 4 つの柱で考察している。

8 2017 年の国際審査委員会（5 - 4 で後述）による障害者権利条約に関する中華民国政府への総括所見は、第 14 条と第 15 条において以下のように医療の問題に関して勧告を行った（長瀬 2018b, 155-156）。

<u>身体の自由及び安全（第 14 条）</u>

42. 国際審査委員会は、以下を懸念する。

（a）精神保健法の内容と適用、具体的には現行の強制収容と治療の体制が障害者の人権を全面的に侵害している。精神保健法は、現在、医療機関施設および地域社会における障害者の恣意的かつ強制的な拘禁を認めている一方、そのような拘束の行政的見直しにアクセスするための手続きには不十分なセーフガードしか提供されていない。

（b）ケア、治療または拘束の必要性が疑われる障害者が危険性の認知に基づいて自由を剥奪されている。

43. 国際審査委員会は以下を国に勧告する。

（a）障害に基づいた非自発的拘禁が禁止され、個人の自由なインフォームドコンセントの確保をはじめとする法的扶助への即時的アクセスを含む手続上のセーフガードの仕組みが確保されるよう、精神保健法を含むすべての関連法律および政策を修正する。

（b）障害者権利条約第 3 条（a）の原則である自ら選択する自由を守り、実際のまた　は認知された障害に基づく自由の剥奪を絶対的に禁止する。

<u>拷問又は残虐な、非人道的な若しくは品位を傷つける取扱い若しくは刑罰からの自由（第 15 条）</u>

44. 国際審査委員会は以下を懸念する。

（a）国が、障害者が医療処置および治療に関して、完全なインフォームドコンセントのもとで、決定を下すための適切な支援を受けることを確保するための措置をまだ講じていない。

（b）特定の生活施設にいる障害者が、トイレ援助の代わりにおむつ使用を強制されるなど、品位を傷つける非人道的な扱いにさらされている。

（c）障害を持つ受刑者は、国の監督下で拘禁されている間、合理的配慮が確保されていない。

45. 国際審査委員会は、以下を国に勧告する。

（a）障害者が医学的手続きや治療に関して完全なインフォームドコンセントのもとで、意思決定を下すための適切な支援を受けるための施策を開発し、実施すると共に、そうした施策に適切に資源を提供する。

（b）抜き打ちの検査を含む、特定の生活施設の条件の定期的な検査を確保する。

（c）障害を持つ受刑者が国の監督下で拘束されている間、合理的配慮の提供を確保するための施策を開発し、実施すると共に、そうした施策に適切に資源を提供する。

9　障害者権利委員会は、日本の初回審査に向けての事前質問事項において、15条と17条で不妊手術の問題を取り上げている。（Committee on the Rights of Persons with Disabilities, 2019）

10　2017年の国際審査委員会による障害者権利条約に関する中華民国政府への総括所見第17条（個人をそのままの状態で保護する）は以下のように勧告を行った。「48. 国際審査委員会は、優生保健法と精神保健法が障害者の強制的な中絶と不妊手術を認めていることを懸念し、女児・女性障害者、特に知的障害や精神障害の女児・女性への影響に留意する。49. 国際審査委員会は、国が優生保健法と精神保健法を改正し、障害者に対する強制的医療処置を防止するために、自由に受け入れられた意思決定と法的代理人を含む、法的、手続的、社会的保護が整備されるように勧告する」（長瀬 2018b）

11　deLise は「人権カード」という表現を用いている（deLise 2019, 198）。中華民国政府は、（中華人民共和国との対比で）民主主義国家としての自らの位置づけを強調している。例えば外交部（外務省）は次のように述べている。「世界における中華民国のイメージは、「民主の発揚」、「法治の励行」、「人権の保障」であり、これらは中華民国が世界に存在する重要な理由でもある。台湾を人権の保障された、公平で正義ある社会にするため、心を1つにして貢献していこう。台湾を人権の保障された公平正義の社会に育てよう』（長瀬訳）https://jp.taiwantoday.tw/news.php?unit=154&post=74102 2019年2月16日アクセス

12　台湾の民主化と障害者の権利については、Chang（2007）を参照。

13　衛生福利部による「CRPD大事紀」で使用されているのは、中華民国建国の1912年を紀元とする「民国紀元」である。たとえば2020年は109年である（http://crpd.sfaa.gov.tw/BulletinCtrl?func=getBulletinList&p=b_c1&page=1&rows=65535&c=B；2020年6月22日アクセス）。

14　審査の資料は衛生福利部のサイト（http://crpd.sfaa.gov.tw/）に掲載されている。

15　後見制度に他で触れているのは、7条、13条、14条、23条、25条である。

16　第75段落の英文は以下のとおりである。

75. People with disabilities are under the protection of the Civil Code and they have legal capacity as a natural person. The Civil Code uses the commencement order of guardianship and assistance to protect the rights over property of the people who do not have behavioral capacity or mental capacity to do so. The Civil Code further stipulates that these people are entitled to pure legal benefits, such that a person who has become the subject to the order of commencement of guardianship or assistance may also exercise the right to consent in consideration of his/her age, status, and necessities of life. In addition, the Trust Law only governs trust acts involving the legal capacity or commencement order of guardianship and assistance to ensure the rationality of the trust system, its normal operation, and protection of transactions. These stipulations are

not limited to people with disabilities.

17　パラレルレポートは衛生福利部のサイト（http://crpd.sfaa.gov.tw/）に掲載されている。

18　パラレルレポートでは珍しいことに、参加した団体間の意見の相違が記されている。生命の権利に関する 10 条では、出生前診断に関するスタンスの違いが明記されている。

19　人権規約施行監督連盟は、自由権規約と社会権規約の初回審査（2013 年）の準備の過程で、3 日間の建設的対話と各セッションでの 1 時間での市民社会との対話の時間を含む審査枠組みの設計に大きな役割を果たし、それは障害者権利条約を含む他の条約でも継承されている。(Huang, S.-L, 2019)。その設計に当たった人権規約施行監督連盟を含む委員会は、「国連よりも優れた」システムづくりを目指した（Huang, S.-L, 2019, 312）

20　アイルランドの The Assisted Decision Making (Capacity) Act 2015 を指すと思われる。

21　審査については、長瀬（2015）、（2017a）、（2017 b）、（2017c）、（2018a）、（2018b）、（2018c）、（2019) を参照。また台湾独自の国際人権条約の実施については、Chen（2018）と Cohen, A.J., Alford W.P., Lo, C.-fa (2019) を参照。

22　"jurisprudence" には、選択的議定書に基づく個人通報の事例に関する「見解」のみならず、一般的意見や総括所見も含まれるという解釈を障害者権利委員会の前委員長であるテレジア・デゲナーは 2019 年 12 月 4 日の日本弁護士会主催の「障害者権利条約の締約国法制に与える影響に関する院内集会」（衆議院第 2 議員会館）において示した。

23　Series と Nilsson は 12 条には「曖昧さ」(ambiguity) が付きまとっているとし、それは条約交渉中の障害組織の団結のために必要だったとするとともに、国連加盟国が 12 条について合意し、後見制度の廃止を想定していない国が条約を批准するためには必要だったと分析している（Series & Nilsson 2018, 341）。

〔参考文献〕
〈日本語文献〉
池原毅和 2010「法的能力」松井亮輔・川島聡（編）『概説 障害者権利条約』法律文化社, 183-199

何義麟 2014『台湾現代史』平凡社

上山泰 2018「法的能力」長瀬修・川島聡（編）『障害者権利条約の実施』信山社, 195-217

川島聡 2014「障害者権利条約 12 条の解釈に関する一考察」実践成年後見 51 号, 71-77

黄詩淳 2020「障害者権利条約が台湾の成年後見制度に及ぼす影響——任意後見制度の発足を中心に」『比較民法学の将来像：岡孝先生古稀記念論文集』勁草書房, 189-206

―――― 2016「台湾の成年後見制度の課題」草野芳郎・岡孝『高齢者支援の新たな枠組みを求めて』白峰社, 341-355

―――― 2014「台湾の「成年後見制度の概要と特色」新・アジア家族法三国会議（編）『成年後見制度』日本加除出版株式会社, 115-133

江涛 2014「台湾における成年後見制度に関する一考察」『千葉大学人文社会科学研究』(29), 28-40

外務省 2016『障害者の権利に関する条約第 1 回日本政府報告（日本語仮訳）』https://www.

mofa.go.jp/mofaj/files/000171085.pdf（2020 年 1 月 6 日アクセス）

後藤武秀 2009『台湾法の歴史と思想』法律文化社

蔡秀卿 2018「台湾における国際人権条約の国内法化」『政策科学』（25/3），241-249

佐橋 亮 2015『共存の模索』勁草書房

障害者権利委員会 2009「障害者権利条約第 35 条第 1 項に基づき締約国によって提出さ
　　れる、条約が指定する文書に関する指針」http://www.dinf.ne.jp/doc/japanese/rights/
　　rightafter/G0946379jp.html　（2019 年 2 月 18 日アクセス）

―――― 2012 一般的意見第 1 号（2014 年）第 12 条：法律の前における平等な承認
　　https://www.dinf.ne.jp/doc/japanese/rights/rightafter/crpd_gc1_2014_article12_0519.
　　html（2020 年 1 月 12 日アクセス）。

戴瑀如 2015「台湾成年監護制度の展望」村田彰・王偉杰（訳）『実践成年後見』（56），83-
　　92

張清雲 2009「中華民国民法における成年監護制度についての検討」銭偉栄訳、岡孝・沖野
　　眞己・山下純司（編）『東アジア私法の諸相』勁草書房．19-50

張紹鐸 2007『国連代表権をめぐる国際関係（1961-1971）』国際書院

張文貞 2019「台湾の人権実施法」申惠丰（訳）『国際人権』第 30 号，25-31

陳自強 2013「台湾および中国における任意監護の研究に対する若干の考察」村田彰・周作
　　彩（訳）『成年法研究』10 号，87-100

陳誠亮 2017「台湾民法の成年後見新制度」、長瀬修・桐原尚之・伊東香純（編）『障害学国
　　際セミナー 2016――法的能力（障害者権利条約第 12 条）と成年後見制度』立命館大学生
　　存学研究センター，132-148

陳來幸 2016「〔総論〕交錯する台湾認識」陳來幸・北波道子・岡野翔太（編）『交錯する台
　　湾認識――見え隠れする「国家」と「人々」』勉誠出版，4-8

鄧學仁 2014「台湾の成年後見制度の導入と改正経緯」新・アジア家族法三国会議（編）『成
　　年後見制度』日本加除出版株式会社，97-113

長瀬 修 2019「障害者権利条約の審査と報告――台湾（中華民国）政府審査とその経験」『立
　　命館生存学研究』vol. 2，127-155

―――― 2018a「障害者権利条約中華民国（台湾）初回報告総括所見（下）」『福祉労働』第
　　160 号，147-152

―――― 2018b「障害者権利条約中華民国（台湾）初回報告総括所見（中）」『福祉労働』第
　　159 号，154-160

―――― 2018c「障害者権利条約中華民国（台湾）初回報告総括所見（上）」『福祉労働』第
　　158 号，142-149

―――― 2017a「台湾の建設的対話と総括所見障害者権利条約」『福祉労働』第 157 号，110-
　　111

―――― 2017b「台湾の障害者権利条約審査――パラレルレポートとワークショップ」『福
　　祉労働』第 156 号，108-109

―――― 2017c「台湾（中華民国）の障害者権利条約審査」『福祉労働』第 155 号，100-101

─────── 2015「台湾と障害者　権利条約の実施──独自の取組み」『福祉労働』第 146 号，112-113

野嶋 剛 2016『台湾とは何か』ちくま新書

林 秀雄 2014「企画の趣旨」新・アジア家族法三国会議（編）『成年後見制度』日本加除出版株式会社，1-2

─────── 2013「台湾の成年後見制度における社会福祉主管機関の役割」法政大学大原社会問題研究所・管富美枝（編著）『成年後見制度の新たなグランド・デザイン』，325-337

─────── 2012a「台湾における成年後見制度の改正について」田山輝明（編著）『成年後見制度と障害者権利条約』三省堂，79-97

─────── 2012b「台湾における成年後見制度」2010 成年後見法世界会議組織委員会（編）『成年後見法における自律と保護』日本評論社，231-235

本田善彦 2017『台湾の国家は「自己解体」するのか？』『世界』2017 年 8 月号，71-77

宮畑加奈子 2016「親族と法」蔡秀卿・王泰升（編著）『台湾法入門』，126-138

〈中国語文献〉

孫一信 2019 台灣成年監護制度之修法歷程 https://www.papmh.org.tw/services/709（2020年 1 月 7 日アクセス）。

衛生福利部 2019 身心障礙者權利公約初次國家報告國際審查會議結論性意見回應表 http://crpd.sfaa.gov.tw/BulletinCtrl?func=getBulletin&p=b_2&c=D&bulletinId=761　2020 年 1月 6 日アクセス

─────── 2017 身心障礙者權利公約（CRPD）初次國家報告國際審查委員會提出之問題清單及政府機關回應內容　http://crpd.sfaa.gov.tw/BulletinCtrl?func=getBulletin&p=b_2&c=A&bulletinId=42　2020 年 6 月 21 日アクセス。

行政院身心障礙者權益推動小組 2016『身心障礙者權利公約首次國家報告條約專要重要文件』

〈英語文献〉

Chang, H.-H. 2007. "Social Change and the Disability Rights Movement in Taiwan: 1980-2002." *The Review of Disability Studies: An International Journal*, Vol 3-1&2: 3-19.

Chang, W. -C.、2019. "Taiwan's Human Rights Acts" Cohen, J.A., Alford, W.P., and Lo, C, (eds.) *Taiwan and International Human Rights,* Springer, 227-247.

Chen, J. A. 2018 Case Study: Implementing the Core International Human Rights Instruments in Taiwan, https://www.forum-asia.org/?p=27004 accessed on 11 February 2019.

Cohen, J.A., Alford, W.P., and Lo, C, (eds.)　2019 *Taiwan and International Human Rights*, Springer.

Covenants Watch, 2017, Parallel Report on the Implementation of the Convention on the Rights of Persons with Disabilities, "List of issues in relation to the initial report of Japan" https://tbinternet.ohchr.org/_layouts/15/treatybodyexternal/Download.aspx?s

ymbolno=CRPD%2fC%2fJPN%2fQ%2f1&Lang=en（障害者の権利に関する委員会 2019「初回の日本政府報告に関する質問事項」外務省仮訳）https://www.mofa.go.jp/mofaj/files/000546852.pdf

deLisle, J., 2019, "All the World's a stage"：Taiwan's Human Rights Performance and Playing to International Norms, Cohen, J.A., Alford, W.P., and Lo, C, (eds) *Taiwan and International Human Rights*, Springer, 173-206.

Flynn, E., Arsten-Kerslake, A., Bhalis, C, d. Serra, M.L. (eds) 2019 *Global Perspectives on Legal Capacity Reform: Our Voices, Our Stories* Routledge.

Huang, S. -L. and Huang, Y. 2019, "The Role of NGOs in Monitoring the Implementation of Human Rights Treaty Obligations" Cohen, J.A., Alford, W.P., and Lo, C, (eds.)，*Taiwan and International Human Rights*, Springer.

International Disability Alliance, 2019, Joint NGO proposals ahead of the 2020 review of UN Human Rights Treaty Bodies, http://www.internationaldisabilityalliance.org/ngo-proposal-2020-review, accessed on 2 January 2020.

League for Persons with Disabilities, R.O.C, 2017, Parallel Report on the Convention on the Rights of Persons with Disabilities.

Series, L. and Nilsson, A., 2018. Article 12 CRPD: Equal recognition before the law. In: Bantekas, I., Stein, M. A., and Anastasiou, D., eds. *The UN Convention on the Rights of Persons with Disabilities: A Commentary*, Oxford: Oxford University Press, 339-382.

　肝を冷やした。2016年3月、障害者権利委員会委員に立候補し、選挙活動のためにニューヨークの国連本部に向かう石川准の介助者として成田空港に同行した時だ。搭乗アナウンスが流れ、搭乗口に向かおうとしたら、パスポートが見当たらない。非常にまずい。見つからないと石川に一人で飛行機に乗ってもらわなければならない。機内は大丈夫だが、ニューヨーク到着後はどうする。外務省の国連代表部に連絡して、迎えに来てもらえるように手配しなければならないなどといろいろなことが頭をグルグル巡る。幸いなことにギリギリだったがパスポートを見つけ、二人で機内に乗り込むことができた。

　この時を含め、石川は全部で4回、選挙活動のために国連本部に足を運び、私はその4回とも同行する機会に恵まれた。2015年末から137カ国への働きかけをニューヨークで行い、支持を求めた石川は2016年6月の障害者権利条約締約国会議において実施された選挙で当選し、18名の障害者権利委員会委員に加わった。

　自国政府の指名を得て、締約国によって選出され、障害者権利条約の実施状況のモニタリングを主要な任務とする委員たちには、石川のような大学教員（リトアニア、オーストラリア等）もいれば、障害者運動リーダー（ケニア、韓国等）や国会議員（ブラジル）もいる。圧倒的に障害者である委員が多い。種別では、肢体不自由や視覚障害が多い。知的障害の委員もいる。過去には精神障害や難聴、ろうの委員もいた。そのため、アクセシビリティや合理的配慮の確保が委員会の運営には不可欠である。

　委員のジュネーブへの往復の飛行機（ビジネスクラス）やジュネーブでの滞在費は国連が負担する。必要な介助者の飛行機代や滞在費も負担される。しかし、委員への報酬はない。そのため委員は自分の職業を原則として持つかたわらで障害者権利条約の国際的実施に携わっているのである。「ハードワーク」と石川が述べている（石川 2017a, 8）ように委員の負担は大きい。そして、障害者権利委員会は委員が他の委員会よりも多くの仕事をしていることで知られている。具体的には、事前

質問事項や総括所見の起草作業を委員が自ら行っている珍しい委員会である。他の委員会では、基本的に国連人権高等弁務官事務所の職員が起草作業を行うのが通例である。

　障害者権利委員会の委員は負担が大きい反面、委員の力量は間違いなく、起草作業を通じて向上している。それは、長い目で見た時に、障害者権利条約の実施を通じて障害者の人権保護に貢献できる人材育成にもつながる。締約国からの報告（政府報告）や、障害者組織をはじめとする市民社会からの情報（パラレルレポート）の分析を通じて、委員自身が主体的に当該国における障害者権利条約実施の課題を把握することができるからだ。そうした自らの取り組みの蓄積の上に、ジュネーブでの障害者団体の代表とのやりとりに「やりがいを感じました」（石川 2017b, 11）という感想が委員に生まれる。

　もちろん、どこでもそうだが余り適任でない人が委員に選出されてしまうこともあるし、逆に素晴らしい専門家が落選することもある。2016 年の英国のダイアン・キングストン（当時は副委員長）の落選もその一例である。その落選によって障害者権利委員会の任を離れたキングストンが台湾の章で述べた中華民国審査の国際審査委員会に加わることができたのは国際審査委員会にとっては非常に恵まれた展開だったが、それはまた別の話である。

　条約は委員について、「個人の資格で職務を遂行するものとし、徳望が高く、かつ、この条約が対象とする分野において能力及び経験を認められた者とする」（第34条）と述べているが、投票する締約国は、そうした求められる資質よりも、お互いの票の貸し借りというレベルでどの候補者に投票するか判断している面があるのは否定できない。日本についていえば、1 期で退任を決めた石川の後にすぐに別の候補が出せないのは、2022 年の安全保障理事会の非常任理事国選挙に立候補するために、票を温存しているためだという見方がある。

　資質のみならず政治的駆け引きも重要な要素となる選挙を経て就任した委員だが、

新型コロナウイルス感染症（COVID-19：以下、「コロナ」）の影響によって、その負担はさらに大きくなってしまった。2020年3月に予定されていた障害者権利委員会第23会期は、コロナの影響で直前になって延期された。2020年8月から9月に開催の同会期は、オンラインとなった。格差がある各委員のインターネット環境に加えて、大きな課題は時差である。開会はジュネーブ時間で午後2時、日本は午後9時だが、たとえばニュージーランドの委員にとっては深夜零時に開会という、とんでもない時間設定である。通常の一日6時間開催というわけではなく、2時間程度の予定だが、それにしても負担は大きい。渡辺一史の名著にちなめば、当該委員にとって「こんな夜更けに委員会かよ」である。そしてコロナの影響で、総括所見を出すために欠かせない建設的対話は実施されない。そのため2020年8月に予定されていた日本政府との建設的対話、そして総括所見の作成は、2021年夏以降に持ち越されることとなった。

　成田空港で私が冷や汗をかいてから時間が経った。ミャンマーの事前質問事項と総括所見、モンゴル、チェコ、ニュージーランド、シンガポール、中国、香港（中国）、マカオ（中国）、イスラエルの事前質問事項作成に取り組み、3年目からは副委員長に就任するなど活躍した石川の4年間の任期は2020年末で終了した。またいつか日本から障害者権利委員会に委員が送り出される日が楽しみである。（敬称略）

（長瀬修）

〈参考文献〉
石川　准　2017a「国連障害者権利委員会レポート　日本人初のCRPD委員　石川准さんに聞く（Part 1)」『視覚障害：その研究と情報』351, 7-16
————　2017b「国連障害者権利委員会レポート　日本人初のCRPD委員　石川准さんに聞く（Part 2)」『視覚障害：その研究と情報』352, 9-18

第5章
タイにおける障害者の法的能力の現状と
その問題点

西澤希久男

はじめに

　タイは障害者権利条約を 2008 年 7 月 29 日に批准し、同年 8 月 28 日より同条約はタイに対して効力を有している。そのため、タイ政府は、本条約に基づく義務を履行するためにとった措置および同措置によりもたらされた進捗に関する包括的な報告の提出を同条約第 35 条により求められている。同条 1 項によれば、条約が効力を有したのちの最初の報告は 2 年以内に行わなければならないので、タイ政府は 2010 年 8 月 29 日までに報告書を提出しなければならなかったが、最終的に、同政府による報告書は 2012 年 12 月 3 日に提出された。タイにおいて障害者権利条約が効力を有してから初めての報告書に対し、障害者権利委員会は 2016 年 4 月 11 日に総括所見を提出した。その中で、委員会により深刻な憂慮（deeply concerned）が示された唯一の事項が、障害者権利条約第 12 条に関わるものであった（CRPD 2016d, para. 25）。第 12 条は、法律の前における平等な承認に関する規定であり、そこでは、障害者が、法律の前において人として認められる権利を有することを再確認するとともに、他の者と平等を基礎として法的能力を有することを認めている。法的能力概念の射程は、公法における各種の法的地位または資格にも及ぶ可能性があるが、条約の制定過程以来、一貫して議論の焦点となってきたのは、他者決定を基盤とす

る後見制度と条約との間の整合性である（上山 2018, 195-196）。それにもかかわらず、タイ政府の報告書には、後見制度に関する記述は存在せず、ただ契約締結支援をはじめとした法的扶助について言及するのみであった（CRPD 2015a, para. 48）。それゆえ、障害者権利委員会は、事前質問事項の中で、障害者に対する後見制度についての政府方針の説明、ならびに、代替的意思決定実務の廃止および支援付き意思決定制度創設のためにとられた立法を含む措置について説明を求めた（CRPD 2015b, para. 16）。しかしながら、タイ政府は、代替的意思決定を制限し、障害者による決定を促進させる努力を継続していると述べているが、具体的な措置についてはまったく言及しなかった（CRPD 2016a, para35）。進捗状況報告について、タイ政府は、障害者権利委員会からの要請に応えることができなかったため、障害者権利委員会による総括所見において深刻な憂慮が示され、かつ、代替的意思決定制度を廃止し、支援付き意思決定制度に置き換えることが求められた（CRPD 2016d, para. 2-26）。

　今後タイ政府は、障害者権利委員会からの要請に応えて対応していく必要がある。その際、その過程や内容、問題点を理解するための前提として、現行の代替的意思決定制度である後見制度がどのようなものであるか理解する必要がある。また、同時に、同制度に対する政府理解を確認する必要もある。そこで、本章ではタイの民商法典に定められている法定後見制度の内容を紹介するとともに、同制度に対する政府理解を障害者権利委員会とのやりとりから明らかにし、タイにおける障害者の法的能力および後見制度に関する問題点を明らかにしたい。

第1節　タイにおける法的能力と後見制度

　タイにおける法的能力（自然人の能力）および後見制度は民商法典に規定されている。民商法典の起草者の一人である、プラヤー・マーナワラーチャセーウィーが残した資料によると、自然人の能力に関する条文を起草

する際、日本法を参照していることがわかる（Phakwichanitisueksathangsan gkhom pratya laeprawatisat khananitisat mahawitthayaraithammasat 2014）。それゆえ、民商法典の概説書においても、日本法に関する言及が見られる。しかしながら、現行の両国法を単純に比較はできない。周知のとおり、日本では、1999年の成年後見制度の導入の際に、行為能力者制度に大規模な修正が施された。他方タイでは当該部分についてはほとんど改正が行われないままであるが、関連する後見部分において大改正が行われている。両国とも、障害者権利条約に対応する以前の段階で法改正を行っており、両国のこれまでの状況を検討することは、法の継受、移植を検討する上で、格好の資料を提供するといえる。

　以下では、タイ民商法典が定める自然人の能力および後見に関する制度についてその概要を明らかにする。

1-1　法的能力

1-1-1　権利能力

　障害者権利条約第12条2項が規定する法的能力は、障害者権利委員会の一般的意見第1号によれば、権利の保持者と権利の行使者の能力双方を含むとする（CRPD 2014, para. 12）。権利の保持者としての能力、通常、権利能力と呼ばれるものについては、民商法典第15条1項が定めている。同項によると、権利能力の始期は出生であり、終期は死亡である。そこでは、「生きて」生まれることが明記されている。権利能力については、始期と終期が出生と死亡によっており、障害とは関係のない規定の方式であるので、障害者権利条約第12条に反しない。

1-1-2　行為能力

　次に権利の行使者としての能力、すなわち行為能力に相当する能力については、すべての者が等しく認められているわけではない。当該能力が制限される者として、未成年者、禁治産者、心神喪失者、準禁治産者の4類

型が規定されている。未成年者が、禁治産者命令または準禁治産者命令を受けることはあり得るが、本章においては、記述を単純化するために、成人の禁治産者および準禁治産者を取り扱う。

（1）未成年者

　まず、未成年者について、民商法典第19条は、満20歳をもって、人は未成年から離脱し、成年になると規定し、未成年者を20歳未満とする。そして、20歳未満でも、例外として、婚姻をした場合には、成年になるとする（第20条）。いわゆる婚姻擬制である。

　未成年者の行為能力制限について、未成年者は法律行為を行う際、一部例外を除いて、原則として法定代理人の同意を要し、もし同意がない場合、当該法律行為は、取り消すことができる（第21条）。例外については、単に権利を得るかまたは義務から免れる行為は、未成年者は単独で行うことができる（第22条）。また、一身専属的な行為については、単独で行うことができる（第23条）。具体的には、認知（第1547条）や遺言である（第25条）。遺言は、満15歳を迎えれば、未成年者も作成することができる。

　他に、未成年者の状況に相応しいか、または、相応しい生活を送るための行為は単独で行うことができる（第24条）。前者については、明確な基準は存在しない（Kowilaikul 2013, 131）。後者については、通常の生活における要素として、食事、住居、衣服、薬品をあげることができる（同）。

　次に未成年者単独で行うことができるものとして、処分を許された財産については単独で行うことができる（第26条）。法定代理人が目的を定めた場合、未成年者はその範囲内で財産を処分でき、目的が定められていない場合も同様に処分することができる。

　法定代理人は、未成年者が営業活動を行うこと、または、雇用契約を締結することに同意することができる。もし、法定代理人が適切な理由無く同意しなかった場合は、未成年者は裁判所に許可を求めることができる（第27条1項）。第1項に基づき、営業を行う場合または雇用される場合、

当該未成年者は成人と同じ地位を有する（同条2項）ので、未成年者単独で法律行為を行うことができる。

(2) 禁治産者

つぎに、禁治産者についてである。心神喪失者がいた場合、関係者からの裁判所への請求により、裁判所はかかる心神喪失者に対して禁治産者とすることを命じることができる（第28条1項）。条文上は、心神喪失者の定義がなされていないが、一般的には、精神上の障害があり、自己の行為が理解できない程度であり、かつその状態が継続していることである（Kowilaikul 2013, 147-148）。また、心神喪失者の定義を示している最高裁判決として、最判仏暦2509年490号がある。同判決によると、通常とは異なる精神状態の者または一般的に考えられている精神上の障害がある者のみではなく、記憶をなくし、責任を意識できないような常軌を逸した意識を原因とした通常と異なる所作や精神状態を有する者も含むとする。

禁治産者命令は裁判所の職権で行うのではなく、定められた者からの請求によって手続きが開始する。第28条1項によると、請求権者は、①配偶者、②直系尊属、③直系卑属、④未成年後見人、⑤保佐人、⑥現に養育している者、⑦検察官である。

禁治産者の行為能力制限について、禁治産者が行った行為は、すべて取り消し得る（第29条）。第29条（旧第31条）の起草の際には、日本民法典第9条のみが参照されている（Phakwichanitisueksathangsangkhom pratya lawprawatisat khananitisat mahawitthayaraithammasat 2014, 144）。第9条も取り消しの対象を限定していないが、財産的法律行為に限られ、その他の行為については例外が設けられている（篠原 1964, 206）[1]。

他方、タイ民商法典でも条文上は「行為」となっているが、それは法律行為に限定される（Kowilaikul 2013, 168）。しかしながら、前述の未成年者とは異なり、禁治産者の場合、法律は例外を規定していないため、禁治産者単独でできる行為はない（Pinkaew 2017, 237）。禁治産者が行った行為

は、取り消すことができるのが原則であるが、一部、婚姻（第1449条〔旧第1445条1項5号〕、第1495条〔旧第1490条〕）、遺言（第1704条1項〔旧第1704条1項〕）においては、無効としている。

　禁治産者は、行為無能力者として扱われており、一見すると1999年改正以前の日本と同様に見えるが、日本が取消対象の行為を財産的行為に制限しているのに対して、タイは身分行為も含めた法律行為全般に及んでいる。そのため、取消対象はより広範であるため、タイの方がより行為能力が制限されている。このような状況では、成年後見人による代理が前提とならざるを得ず、代替的意思決定制度の役割が非常に大きいといえる。

（3）心神喪失者

　次に、心神喪失者である。これは、裁判所による禁治産命令をいまだ受けていない心神喪失者を対象としている。行為時に心神喪失状態であり、かつ相手方がそのことについて悪意（知っている）の場合には取り消すことができる（第30条）。相手方の悪意についての立証責任は、心神喪失者側が負っている（Kowilaikul 2013, 173）。

（4）準禁治産者

　最後に、準禁治産者である。身体的もしくは精神的な病弱、日常的な浪費、継続的な酩酊状態、またはその他原因により、自身に関する行為を管理できない、または、自身による管理行為により、自己もしくは家族の財産に損害を及ぼすにいたるような者については、関係者からの裁判所への請求により、裁判所はかかる者に対して準禁治産者とすることを命じることができる（第32条1項）。

　準禁治産者とされるためには、2つの要件が必要となる。第一に、身体的もしくは精神的な病弱、日常的な浪費、継続的な酩酊状態、またはその他原因が存在することである。第二に、自身に関する行為を管理できない、または、自身による管理行為により、自己もしくは家族の財産に損害を及

ぼすにいたる状況である。判断においては、前者が規定する、身体的、精神的、日常活動に関する問題が存在するのみで、準禁治産者と認定されるわけではなく、あくまで後者の要件が求められる状況になっている。

　裁判所による準禁治産者命令は、禁治産命令と同様に、職権で行うのではなく、定められた者からの請求によって開始する。請求権者は、第28条に列挙されている者と同様である（第32条1項）。

　準禁治産者の行為能力制限について、第34条1項に列挙されている行為を準禁治産者が行う場合には、保佐人の同意が必要となっている。具体的には、

①自己の財産を投資すること

②投資した財産、元本その他の返還を受けること

③金銭または高価値動産の借受または貸付

④弁済が強制される効果を有するあらゆる保証

⑤賃料が発生する、6カ月超期間での動産の借受もしくは貸付、または、3年超の期間での不動産の借受もしくは貸付

⑥贈与（ただし、生活状況に照らし合わせて適切なもの、または、慈善、社会もしくは道徳的義務のためのものは除く）

⑦条件付もしくは負担付贈与を受諾し、または贈与を拒絶すること

⑧不動産または高価値動産の権利の得喪のための行為

⑨建物もしくはその他建築物の新築、改修または大規模修繕

⑩訴訟の提起または審理の実行（ただし、第35条に基づく提起、または保佐人の解任請求は除く）

⑪和解または仲裁への移行、である。

　第1項に法定されている行為の他についても、裁判所は、準禁治産者命令の発布時、または保佐人の事後の請求に基づいて、保佐人の同意を得る行為の追加を命ずることができる（第34条2項）。

　さらに、第1項および第2項により保佐人の同意が必要な行為について、準禁治産者の身体的もしくは精神的な病弱により、当該行為を行うことが

できない場合、裁判所は保佐人を当該行為における準禁治産者の代理人とすることを命じることができる（同条3項）。

そして、本条の規定に反して行われた行為は取り消すことができる（同条5項）。

1-2 タイにおける後見制度

行為能力が制限されている者については、単独で行うことができない行為があるため、それをサポート（後見）する必要がある。以下では、行為能力が制限されている類型毎に、サポートする者の権限、義務を中心に概説していく。本章の射程は、成人である禁治産者および準禁治産者であるが、後見制度においては、未成年者の規定を準用していることが多いため、未成年者の規定もあわせて検討する。

（1）未成年者

未成年者は父母の親権の元に服さなければならない（第1566条1項）。そして、親権者が法定代理人となる（第1569条）。未成年者が法律行為を行う場合には、法定代理人の同意が必要となる（第21条）ので、親権者がいる場合には、親権者の同意を要する。

そして、親権者がいなくなった場合、未成年後見人が選任される（第1585条1項）。未成年後見人の選任は、未成年者の親戚、検察官、または遺言で未成年後見人に指名されている者からの請求に基づき、裁判所の命令により行う（第1586条1項）。

未成年後見人の欠格事由については、第1587条が定めている。それによると、①禁治産者または準禁治産者、②破産者、③未成年者または未成年者の財産を管理するのに相応しくない者、④未成年者、直系尊属、兄弟姉妹、または父もしくは母を同一にする兄弟姉妹と訴訟を継続している、または訴訟をしたことがある者、⑤死亡した父または母が書面で就任を禁止している者、である。

未成年後見人は、原則1名であるが、遺言に複数名の指定がある場合、または、相当の理由を有して請求する者がいる場合、裁判所は適切な人数の未成年後見人を選任することができる（第1590条）。

　親権者および未成年後見人の権限、義務については、身上監護の側面と財産管理の側面の2つに分類できる。

　身上監護の面では、親権者は未成年者を養育し、適切な教育を受けさせる義務を有する（第1564条1項）。未成年後見人も同様である（第1598条の2により第1564条を準用）。

　親権者が有する権限として、①居所の指定、②訓育の目的を有する適切な形式での懲戒、③能力と生活状況に応じた適切な仕事をさせること、④不法に子どもを留置している者からの返還を請求すること、がある（第1567条）。未成年後見人も同様である（第1598条の2により第1567条を準用）。

　次に、財産管理の面であるが、通常、親権者と未成年後見人は法定代理人となる。それゆえ、未成年者に替わって、意思表示を行い、または受領することができる（親権者については第1570条、未成年後見人については第1598条の3第1項により第1570条を準用）。また、親権には子どもが有する財産の管理権が含まれ、その際、通常人が払うべき注意をもって管理しなければならない（第1571条。未成年後見人については第1598条の3第1項により第1571条を準用）。

　第1571条に基づくと、法定代理人は単独で財産の管理をできることになるが、これには例外が存在する。子を債務者とする契約を子の同意無く締結することはできないとする（第1572条。未成年後見人については第1598条の3第1項により第1572条を準用）。

　また、第1574条は、未成年者が有する財産について、特定の法律行為を法定代理人単独で行うことを禁止し、事前に裁判所の許可を要求している（未成年後見人については、第1598条の3第1項により第1574条を準用）。裁判所の許可が必要な行為は以下の通りである。

　①不動産もしくは抵当権が設定可能な動産の売却、交換、預け売り、買

取選択権付賃貸、抵当権設定、抵当権放棄、または抵当権譲渡

②不動産に関する物権の全部または一部を消滅させること

③不動産に地役権、居住権、地上権、用益権、不動産負担、またはその他物権を設定すること

④不動産もしくは抵当権設定可能動産上に物権を設定する目的、または財産上に存する物権を消滅させる目的で債権の全部もしくは一部を処分すること

⑤３年超の不動産賃貸借の設定

⑥①、②または③の効果を発生させるその他の行為

⑦金銭の貸付

⑧贈与（ただし、慈善、社会、道徳的義務のために、かつ生活状況に応じて適切な場合において、未成年者に代わって、金銭を贈与することは例外とする。）

⑨条件付きもしくは負担付きの贈与を受諾し、または贈与を拒絶すること

⑩未成年者が弁済を強制される効果を有するあらゆる保証、または、未成年者が他人の債務を受け入れる、もしくは他人に代わって弁済することを強制するその他法律行為

⑪第1598条の2（1）、（2）または（3）に定められた方法以外で利益を追求するために財産を提供すること

⑫和解

⑬仲裁への移行

第1574条に定められた法律行為をする際に、裁判所からの許可を得なかった場合の効果については、規定が存在しない。現在、裁判所の判断は、当該法律行為を無効とするものと、未成年に効果は及ばないとするものの2つに分かれている（Pinkaew 2017, 210-213）。

法定代理を含めた代理の場面で考慮しなければならない点が、利益相反である。代理は、代理人による行為の効果を本人に帰属させる制度であり、

代理人は、本人の利益のために行動しなければならない。そのため、もし本人と代理人の間に利害が衝突する際、すなわち利益相反が発生する場合には、その調整が必要となる。そこで、未成年者の利益と親権者、親権者の配偶者、または親権者の子の利益が相反する場合は、親権者は裁判所から許可を得なければならない。許可を得ずに行った行為は無効となる（第1575条。未成年後見人については、第1598条の3第1項により第1575条を準用）。

（2）禁治産者

禁治産者は、成年後見人の後見に服さなければならないので（第28条2項）、成年後見人が必要となる。成年後見人の一般的資格は未成年後見人と同一であると考えられている（Kowilaikul 2013, 160）。

誰が成年後見人になるかについて、禁治産者に配偶者がいる場合には、原則として、配偶者が成年後見人となるが、利害関係人または検察官の請求により、裁判所は別の者を成年後見人に選任することができる（第1463条）。

禁治産者に配偶者がいない場合には、原則として、父母が成年後見人となるが、裁判所が不適任と判断した場合は、その他の者を成年後見人とすることができる（第1569条の1第2項）。

禁治産者に配偶者または父母双方がいない場合には、その他の者を成年後見人とする。

成年後見人の権限、義務については、第1598条の18により、第1567条（2）および（3）を除いた、未成年後見人の権利・義務に関する規定が準用される。前述したとおり、未成年後見人の権限および義務は、親権者と同内容であることから、前述の親権者の権限および義務から、懲戒権と労働従事が除かれたものである。これは、禁治産者が成人だからである。

（3）準禁治産者

準禁治産者は、保佐人の保佐に服さなければならないので（第32条2項）、

保佐人が必要となる。誰が保佐人になるかについて、考え方は準禁治産者の場合と同じである。

　保佐人の権限および義務については、民商法典では特別に規定されていない。準禁治産者は、原則的に、同意権のみを有しており、法定代理人とは異なり、代理権を持っておらず、準禁治産者が自身で法律行為を行うのが通常だからである（Kowilaikul 2013, 205）。しかしながら、第34条3項に基づき保佐人に代理権を付与することが可能となっているので、保佐人が代理権を持っている場合には、成年後見人に関する規定を準用する。

　未成年者の法律行為の大部分、および準禁治産者の一部法律行為は、後見人（親権者、未成年後見人、保佐人）の同意が必要である。それゆえ、当該後見人には、同意権が認められる。

　同意が必要な法律行為につき同意がない場合、および禁治産者による法律行為は取り消すことができる。それゆえ、親権者、未成年後見人、成年後見人、保佐人すべては取消権を有する（第175条）。また、取消権を有する者は追認権を同時に有するので（第177条）、親権者、未成年後見人、成年後見人、保佐人すべて追認権を有する。

1-3　タイにおける障害者の法的能力の現状とその問題点

　これまで、民商法典に定められている法的能力を、権利の保持者としての能力である権利能力と権利の行使者としての能力である行為能力の側面から概説してきた。権利能力については、その始期と終期が人の出生と死亡によっているので、障害を理由とした別異の取り扱いを行ってはいないので、障害者権利条約第12条に抵触しない。

　他方、行為能力について、未成年者の行為能力の制限は、年齢を基準としており、同条約第12条の射程ではない。問題は、禁治産者および準禁治産者の行為能力制限である。禁治産者の場合、日本法が定めているような例外規定も存在しないため、すべての法律行為が取り消しの対象となり、1999年改正以前の日本法の状況よりも徹底した行為無能力者とな

っている。それゆえ、成年後見人の代理行為が前提となっており、まさに、代替的意思決定制度と評価できるものである。また、徹底した行為無能力者制度と代替的意思決定制度を採用している結果、代理行為が馴染まない、身分行為のような一身専属的な行為をすることができない状況が生まれている。障害者権利条約との観点からすると、第23条の「家庭および家族の尊重」に関係する婚姻が問題となる。障害者権利委員会に対するタイ政府の報告書では、第23条部分において、婚姻および家族生活に対する権利は、障害者を含むすべてのタイ国民の権利であるとしながら（CRPD 2015a, para. 95）、禁治産者はこれまで検討してきたように、婚姻が認められず、無効事由となっている。この記述に対し、障害者権利委員会による事前質問事項の中では、婚姻の問題についてまったく触れられていない。パラレルレポートの中でも、婚姻の問題に触れているのは、Disability Council International のレポートのみである（Disability Council International 2015, 8）。しかしながら、総括所見の中では、婚姻の問題を取り上げ、婚姻の欠格事由として禁治産者であることを定める第1449条の廃止を勧告（recommend）している（CRPD 2016d, para. 44）。禁治産者命令に関する第28条と遺言作成の際に必要とされる証人の欠格事由として心神喪失者、準禁治産者、聾者、唖者、盲者または重複障害者を挙げる第1670条の両条に現れる代替的意思決定制度については強く（urge）廃止を求めているのとは異なっている（CRPD 2016d, para. 26）。この差の理由は判然としない。もちろん、障害者権利条約第12条の中心論点となっている、代替的意思決定制度は大きな問題であるが、欠格事由として扱われてしまうと、代替して意思を決定する者すら登場できない。代替的意思決定制度以前の問題であり、より深刻であると言わざるを得ない。タイでは、代理制度、代替的意思決定制度に馴染まない身分行為を含めて行為無能力とするため、本人からも、成年後見人からも関与できない空白を生むこととなる。障害者権利条約第12条の趣旨および心神喪失者、準禁治産者、聾者、唖者、または聾唖者を欠格事項として定める第1670条の廃止を強く求め

ているところからすると、婚姻に関する規定も同様に強く廃止を求めるべきではないかと考えられる。また、代替的意思決定制度および欠格条項が前提としている、禁治産者の無能力を明示している第29条についてより注目すべきではないかと思われる。

　準禁治産者については、一定の法律行為に対する同意を保佐人がする形式を採用しているので、準禁治産者の意思決定が尊重されるが、第34条2項により、保佐人の同意が必要な行為が追加できるとともに、同条3項により、保佐人による同意が必要な行為について、保佐人に代理権を付与することができる。それゆえ、保佐人に対する代理権付与がむやみに拡大されると代替的意思決定制度に限りなく近くなってしまう危険性を有している。

　後見制度について、タイにおいては、禁治産者の行為能力が完全に認められていないので、それだけ成年後見人の権限が強いのであるが、その暴走を防ぐために成年後見人単独で行えない法律行為の類型を多数定めている。日本においては、成年被後見人の居住用の建物について、家庭裁判所の許可を得ることが求められているが（日本民法第859条の3）、タイにおいては居住用建物に限定されていないばかりか、その他の特定類型の法律行為においても裁判所の許可を要し、禁治産者の財産の散逸を防ごうとしている。実際の運用については今後の検討課題であるが、成年後見人による代理権濫用を防ぐという観点では日本法よりも優れているが、逆に裁判所の介入が広範囲に及ぶことから、禁治産者を保護の対象とする観点は非常に強くなっている。

　さらに、日本で問題となっている成年後見人の医療代諾権については、成年後見人の権限は親権者の権限に関する規定を準用しているため、親権者が有する養育義務を履行する際に認められる権利も同様に成年被後見人にも認められるので、法的には代諾権を有している。また、仏暦2551（西暦2008）年精神健康法（以下、2008年精神健康法と表記）第21条3項は、18歳未満の者、および医療処置に対する同意について判断する能力を欠く者に関して、代諾権を有する者として、配偶者、親権者等と並んで成年後見

人、保佐人が規定されている。医療代諾権が法定後見人にも認められることで生じている問題の１つが、精神または知的障害者に対する不妊手術である。

　吉村（2017）が指摘するように、タイの女性障害者が直面する問題の１つに性暴力がある。タイ社会では、障害者は非性的な存在として見られているとともに、障害者は性的に脆弱であるとする（Karairiksh 2016）。性暴力被害に関連して、望まない妊娠を防ぐための手段の１つとして考えられているのが不妊手術である。タイでは、強制不妊手術は違法であるにも拘わらず依然として行われている（Thaitrakulpanich 2018）。しかし、違法であるのは、判断能力がある者に対して合意無く行う場合であり、当該障害者が子どもの場合や禁治産命令を受けている者の場合には、親権者や後見人の同意によって実施することが可能である。それゆえ、障害者が子どもの場合には、今後遭遇するかも知れない性暴力被害に対する恐怖から、本人同意のいらない子どものうちに行われることが多い。

　例えば、Thaitrakulpanich（2018）は、クロン・トゥーイ区にある、知的障害児向けの就学前教育センターの事例を紹介している。そのセンターは、タイ知的障害者支援財団によって運営されているセンターの１つであり、５人の教員により運営されている。保健省によると、自閉症の子どものうち９割がなんら処置や便宜を受けていないタイの状況の中で知的障害児に対するサービスを提供する数少ないセンターの１つに、トゥンという一人の女の子が通っている。父親は誰か分からず、母親は恋人と住んでいるため、祖母が面倒を見ている。トゥンと祖母は、クロン・トゥーイ区にあるアパートに住んでいるが、現在、多くのタイ人から、悲惨な貧困、低雇用および高い薬物使用の地として避けられている。トゥンの祖母は、トゥンが性暴力の被害者になることを心配し、男の子に見えるようにトゥンの髪を短く切っている。障害者が性暴力の被害者となることを心配しているのは、何も保護者に限定されない。トゥンが通っているセンターの代表も同様に心配しており、彼女の世界観からすると、コミュニティーの薬物

使用者はすべて潜在的な加害者である。このような認識のもと、トゥンが通っているセンターは、もし両親の同意が得られれば、思春期の到来した生徒、とくに女子生徒には、不妊手術を受けさせている。

　これまで、Thaitrakulpanich（2018）に基づき、1つの例を見てきた。この事例では、近隣の治安状況に対する憂慮から、女子生徒に不妊手術を薦めているわけであるが、Thaitrakulpanich（2018）が指摘するように、タイでは一般的に、性暴力の加害者は、外部者よりも家庭内の者であることが多く、それゆえ、当該地域において、本当にこのような問題が存在するのかどうかは明らかではない。

　Thaitrakulpanich（2018）の中で、活動家であり、タイの障害者のための、障害者によるオンライン・ジャーナルを主幹する、Nalutporn Krairikshの言葉が紹介されている。彼女によれば、妊娠に関する恐怖と月経に伴う衛生の問題を取り扱ううえで、不妊手術が、医師や社会奉仕従事者によって薦められる「第1の選択肢」となっている。そして、医師は、しばしば、親に対して不妊手術の利点について片面的な情報のみを与えているとする。

　上記のような、障害を有する女児に対して不妊手術を施すことについては、タイにおいて一般的に行われていることといえる。それは、後述する障害者権利委員会に対するタイ政府からの答弁においても同様の例が出てくることからも伺える。今回取り上げた文献は、障害を有する児童に焦点を当てたものであったため、成人の障害者についての不妊手術については、ほとんど言及はないが、2008年精神健康法の条文構造からすると、禁治産宣告者はもちろん、準禁治産宣告者の場合においても、同意能力が無い場合には、保佐人にも同意権が認められている。財産契約においては、禁治産者と準禁治産者では、保護者の権限に大きな差異があるにもかかわらず、医療代諾権に関しては、同意能力が無い場合という限定がかけられているとはいえ、成年後見人と保佐人に同様の代諾権が認められている。このように幅広く代諾権が認められているのが、タイの特徴であり、現状であるといえる。

第2節　障害者権利委員会へのレポートにみる
タイ政府の法的能力、意思決定制度に関する見解

　上記で検討したように、タイにおける現行の後見制度は、支援付き意思決定制度ではなく、代替的意思決定制度を維持するものであるため、障害者権利条約第12条との関係からすると、同条に違反していると評価せざるをえない。そのような状況下において、タイ政府は、本条約に基づく義務を履行するためにとった措置および同措置によりもたらされた進捗に関する包括的な報告の提出をしなければならない。以下では、障害者権利条約第12条に関する事項のうち、法的能力、意思決定制度に関する部分に焦点を当て、タイ政府と障害者権利委員会の間のやりとりを明らかにし、その中からタイ政府による法的能力、意思決定制度に対する理解を明らかにしたい。また、意思決定制度の重要論点である医療代諾権に関連して、不妊手術を含めた非自発的な医療措置の問題がある。本問題を直接的に扱っているのは、障害者権利条約第17条であるが、意思決定制度の問題を検討するうえで、非常に重要な論点を提供しているので、ここであわせて検討する。

2-1　障害者権利条約第12条に関するタイ政府と障害者権利委員会の間のやりとり

　タイ政府が条約締結後に初めて提出した報告書において、第12条に関する記述は、7パラグラフにわたって記載されている（CRPD 2015a, para. 4. 3-49）。第12条が、「法律の前にひとしく認められる権利」について定めているため、他の者との「平等」に関する措置がいくつか挙げられている。例えば、2007年憲法に関係するものとして、司法手続きにおける適切な保護や性的暴力に関する事件における適切な措置（第40条）、他の者と等しく教育を受ける権利（第49条）、国家の基本政策指針の1つとしての障害者の生活改善のための施策（第80条）、障害者の生活に関係する立法を

行う際の特別委員会の設置（第 152 条）[2] である（CRPD 2015a, para. 43-46）。加えて、2007 年に公布された「障害者の生活の質の向上と発展に関する法律」[3] 第 20 条で認められている、障害者、保護者、介護者がアクセスし、利用することができる公的便益[4] について言及している（CRPD 2015a, para. 47）。その他、司法手続過程において手話通訳を求める権利について記述している（CRPD 2015a, para. 48）。

　しかしながら、第 12 条の中心論点の 1 つである後見制度に関する直接的な記述は存在しない。ただ法的扶助の中で、法律相談、契約締結または合意形成、調停を含む法的扶助の提供、ならびに弁護士およびその他形態の支援の提供について言及している（CRPD 2015a, para. 48）。

　次に、障害者権利条約第 17 条であるが、本条は「個人をそのままの状態で保護すること」を定めている。同条に対して、2007 年憲法に言及し、人の尊厳、自由及び平等は保護され（第 4 条）、人は法の前で平等であり、法に基づき等しく保護される権利を有する（第 30 条）と報告した（CRPD 2015a, para. 69）。不妊手術については、任意で行われ、かつ説明情報を受けた同意（インフォームド・コンセント）に基づいて行われるとする。堕胎については、妊娠が母体の健康を脅かす場合または強姦の結果である場合を除いて、不法であるとする（CRPD 2015a, para. 70）。

　上記のような報告内容に対し、障害者権利委員会は、事前質問事項の中で、第 12 条に関連して、障害者に対する後見制度についての政府方針の説明、ならびに、代替的意思決定実務の廃止および支援付き意思決定制度創設のためにとられた立法を含む措置について説明を求めた（CRPD 2015b, para. 16）。また、第 17 条との関連では、障害者、とくに知的および／または精神障害を有する者が、インペアメントおよび第三者の助言または請求によって実施される、強制不妊手術を含む、強制された非自発的な医療措置に服さないことを確保するための有効なセーフガードについての説明を求めた（CRPD 2015b, para. 21）。

　上記のような障害者権利委員会からの問合わせに対して、タイ政府

は、第 12 条に関連して、障害者に対する差別的な取り扱いはしていないことを示すために次のように回答した。すなわち、"Nothing about Us without Us" という信念をとり入れ、代替的意思決定を制限し、自らの生活に影響を与える事項について、自ら決定を行うために、障害者を促す努力をしているとする。その例として、自立生活（Independent Living）を取り上げている。自立生活概念は、タイで奨励されており、それは障害者の自立と平等な機会を促進することを目的としている。適切なサポートにより、障害者はコミュニティーにおいて他の人たちと自立した生活を送ることができ、障害者は日常生活に関係したさまざまな観点において自ら決定できるとする。タイには、13 県に 15 の自立生活センターが存在し、ピア・カウンセリング、訪問、自立生活トレーニング、財政支援を提供している（CRPD 2016a, para. 35）。

　第 17 条に関する質問である、有効なセーフガードについて、父、母または法定代理人が、18 歳未満の子ども、または知的もしくは精神上の障害により自己の権利を行使することができない者に代わって権利を行使することができる、と医師会による患者の権利宣言に定められており、これが有効なセーフガードであるとした（CRPD 2016a, para. 50）。

　タイ政府は障害者権利委員会からの問合わせに対して自立生活に焦点を当てた回答をし、法的能力（legal capacity）に対応する回答をしなかった。その後、障害者権利委員会の第 15 セッション中に開催された第 236 回会議の中で、ディーグナーは、障害者権利条約第 12 条および一般的意見第 1 号に違背する、後見または精神衛生に関する法律の検討が行われたかについて尋ねた（CRPD 2016b, para. 62）。この直接的な問合わせに対して、法的能力に言及する形での説明がタイ法務省から参加した者によりなされた。その説明では、タイ法の下での法的能力（legal capacity）は、いかなる特定の身体的または知的な障害に基づくのではなく、能力（ability）を基礎として決定される、とする。そして、障害者は、他の市民と同様の法的能力を有すると認識されている、とする。しかしながら、法的手続きの

中で、個人は精神的または知的障害を原因として、法的に無能力であることを裁判所により宣告されうるが、それは、心理的および医療の専門家による評価ならびに勧告に従ってのみ行われる、と説明した（CRPD 2016c, para. 10）。

　また、ディーグナーはインペアメントに基づく強制入院に関する法と実務に対して対応がとられているかどうかについても質問した（CRPD 2016b, para. 63）。この質問に対して、派遣団にいた医師は、2008 年精神健康法およびタイ医師会のガイドラインに従って、患者は手術方法ならびにそのリスクおよび結果についての説明を受けた後に当該患者による書面同意がなされた場合にのみ不妊手術が実施されると説明した。子どもの場合は、親に対して手術のリスクおよび結果だけでなく、別の方法に関する情報を知らされた後、親は決断し得るとする（CRPD 2016c, para. 11）。

　また、子どもに対する不妊手術について、地方の低収入家庭の子どもの場合を例に挙げて説明をする。すなわち、親が働いている間、子どもはしばしば 1 人で残され、性的搾取および望まない妊娠のリスクにさらされ、それが親に不妊手術を選択させることにつながっている（CRPD 2016c, para. 11）。一般論として、精神上の障害を有する女性は、不妊手術を受ける際に、インフォームドコンセントをできるとする（CRPD 2016c, para. 11）。不妊手術実施の手続きについて、精神科医、一般医、看護師、法律家、ソーシャルワーカー等によって構成されるチームの承認が必要であるとするが、とくに地方において法律に定められた方法と一致しない場合があることを述べている。そして、医師、親および患者の意識の向上のためにさらなる活動が必要であり、とりわけ低所得家族における不妊手術の問題についての 1 つのとり得る解決策として、性的虐待を防止する必要があることについての意識向上と望まない妊娠における財政的支援を挙げている（CRPD 2016c, para. 12）。

　障害者権利委員会は、第 15 セッションにおいて採択された総括所見の中で、第 12 条に関連して、代替的意思決定および後見制度について深い

憂慮（deeply concerned）を表明した（CRPD 2016d, para. 25）。そして、法律の前での平等な承認に関する一般意見第1号に鑑み、同委員会は、代替的意思決定制度、とくに民商法典（原文は、民法典と表記）第28条および第1670条に規定されているものを廃止し、かつ自立、意思および選択を支持する支援付き意思決定制度に代替させることを政府に強く求めた（CRPD 2016d, para. 26）。

　医療代諾権の問題に関連する強制不妊手術や堕胎を含む非自発的な医療措置については、第17条の部分で言及している。そこでは、現在でも、障害者は強制不妊手術や堕胎を含む非自発的な医療措置のもとにあるとし、障害者権利委員会は、強制措置、とくに不妊手術および堕胎から女性、少女および少年を含む障害者を保護する効果的な対応をとり、かつ、自由、事前および説明情報に基づく同意をする個人の権利が擁護され、支援付き意思決定制度が提供されることを確保するよう政府に勧告した（CRPD 2016d, para. 36）。

2-2　評価
　これまで、障害者権利条約第12条に関する部分を中心に、タイ政府と障害者権利委員会の間のやりとりを見てきた。第12条に関連する部分において、タイ政府による報告書の中では、当初正面からは成年後見制度が取り扱われなかった。この1つの要因として考えられるのが、報告書の提出時期である。タイ政府による最初の報告書は、2012年12月3日に受理されており、その段階では解釈指針である一般的意見第1号は出されていなかった。そのため、条約第12条をどのように解釈するかについては、条約本文だけでは判明しない部分もあった。そこで、起草過程における議論が重要となる。上山は、第12条の起草過程における重要な争点として、第1に、法的能力の概念規定を挙げ、第2に、代理・代行的意思決定の仕組みから自己決定支援（支援付き意思決定）の仕組みへのパラダイムシフトの問題を挙げている（上山 2013, 90-91）。

第1の法的能力について、その焦点は行為能力の制約可能性であった。すなわち、権利能力と行為能力を概念的に区分する大陸法系諸国にとって、第12条2項の射程が行為能力に及ぶとすると、既存の制限行為能力制度は正当化できなくなる可能性がある（上山 2013, 91）。

　第2の支援付き意思決定へのパラダイムシフトについて、ここでの論点は、第12条が判断能力不十分者の支援・保護手法を完全に支援付き意思決定へと転換したものであり、代理・代行的意思決定の手法はラストリゾートして許されるかどうかの問題である（上山 2013, 91）。そこでは、3つの見解が示されている。先ず、第1に、法定代理人・代行決定者のラストリゾートとしての必要性を強調し、"personal representative" の文言を残しておくべき、というもの。第2に、法定代理人・代行決定者の必要性は認めながらも、自己決定支援型へのパラダイムシフトをより強調するために、条文中に "personal representative" の文言を挿入することは避けるもの。第3に、判断能力が不十分な者の意思決定に対する支援は、完全に支援付き意思決定に一元化でき、他者による決定の仕組みである法定代理人・代行決定者は全面的に廃止されるべきという考えである。この中で、第2のものは、政府代表の立場であり、第3のものは当事者団体であるNGOの主流の立場である（上山 2013, 92）。

　最終的に成立した第12条の文言について、少なくとも文言の面からは、基本的に第2の説の方向にあると考えられる。それは、"personal representative" の文言が削除された一方で、"supported decision-making" の文言も明文化されなかったからである（上山 2013, 92）。そして、同条の沿革から見る限り、少なくとも、ラストリゾートとしての代理・代行的意思決定の仕組みを完全に排除したとは考えにくい（上山 2013, 92）。

　上記理解に基づくと、タイ政府が代替的意思決定について当初の報告書で記述しなかったことは理解することができる。それは、第12条の文言が曖昧で、解釈の幅があるうえに、起草過程の議論からすると、支援付き意思決定制度へのパラダイムシフトがありながらも、ラストリゾートとし

ての代替的意思決定制度は残されていると考えられるため、法的扶助の中における支援付き意思決定に関する部分のみを回答したのは理解可能である。

　しかしながら、同報告書に対して提出された事前質問事項（list of issues）は、2015年9月の第4セッションにおけるワーキング・グループで採択されており、一般的意見第1号が採択された後であった。質問も一般的意見第1号に沿っており、代替的意思決定実務の廃止および支援付き意思決定制度創設のためにとられた立法を含む措置について説明を求めた。

　この段階においては、タイ政府としても一般的意見第1号の内容を確認している。一般的意見第1号が法的拘束力を有しないとはいえ、障害者権利委員会がそれを前提として明確な問合わせをした以上、それに無関係に返答するわけにはいかない。そこで、障害者がサポートを受けながら自己決定を行いながら生活をしていく、自立生活を推進していることを取り上げることにより、支援付き意思決定を推進していることを強調し、その反射効として代替的意思決定制度の該当分野が減少されているとした。

　上記段階では、法的能力および代替的意思決定制度である後見制度に対するタイ政府の認識は明らかになっていない。しかし、第15セッション中において、障害者権利委員会委員から「障害者権利条約第12条および一般的意見第1号に違背する」と指摘されたうえで、後見制度に対する見解を求められた段階で、タイ政府は後見制度に対する認識を明らかにした。タイ政府は、法的能力（legal capacity）は、特定の障害に基づいて判断されるのではなく、能力（ability）によって判断されるのであるから、障害者は他の者のように同一の法的能力が認められる、という認識を示した（CRPD 2016c. para. 10）。

　ここで、能力（ability）という言葉が初めて出てきた。会議での答弁で出てきた言葉であり、参照できた要約資料からはその定義が判明しない。既述のように、タイでは、人の能力について日本法を参考に規定しており、大陸法系諸国のように、能力は権利能力および行為能力に分類される。通

常、権利能力には"personality"、行為能力には"capacity"の訳語が当てられており、"ability"という訳語は人の能力に関する記述では現れてこない。

　第12条に違反していないことを説明するために他の国が主張しているのは、法的能力（legal capacity）は権利能力を意味するものであるとの解釈であるが、タイはそれとは異なる論理を示した。すなわち、特定の障害に基づいた判断ではなく、障害者一般という範疇では法的能力が認められ、その中で一部、能力（ability）に基づき制限されるのであるから、違背しないという論理である。

　しかし、障害者は法的能力が認められていると言いながら、すぐに精神または知的障害に基づき、個人は、法的に無能力であることを裁判所によって命令されうるとする（CRPD 2016c, para. 10）。その命令は、心理および医療の専門家による評価および勧告に従ってのみ行われ、いくつかのケースでは、個人が法的に無能力であることが判明したとしても、当該個人の状況が変化している場合には、手続きを延期することができるとする（CRPD 2016c, para. 10）。これは、第12条4項が求めているような、乱用防止措置を講じているので、現実に存在する代替的意思決定制度が障害者権利条約に違背していないことを主張している。

　条約第12条および一般的意見第1号との関係で、後見制度について問われた際の回答をこれまで見てきた。タイ政府は違背していないと主張しているが、それに首肯することは難しい。タイは新しい論理で挑んでみたものの、大陸法系の法制度であり、かつ後見制度を有している以上、一般的意見第1号が出た後では、第12条に違背していないと認められるのは難しい。障害者権利委員会からの総括所見が、代替的意思決定制度を廃止し、かつ、自立、意思および選択を支持する支援付き意思決定制度に代替させることを政府に強く求めているところからも明らかである。

　これは何もタイ特有の事情ではなく、その他の国も同様である。しかし、各国が自らの制度が条約に違反していないことを述べ続けるだけでは進展

がない。やはり、問題解決のために加盟各国の協調が求められると考えられる。障害者権利条約では、国際協力の重要性が条文の中に謳われている。第12条の対応については、まさに国際協力が求められる分野であり、加盟各国が意見を出し合い、障害者の法の前の平等を実現しなければならない。

　第17条については、当初、問題を正面から記述しなかったが、障害者権利委員会の事前質問事項に対する回答からは、父母や法定代理人の代諾権について明確に回答し、15セッション中に開催された第237回会議においては、地方の事例を出し、現在のタイで問題になっている強制不妊手術について率直に述べている。しかしながら、その対策については、意識の向上の重要性を挙げるのみであった。

　第12条の場合と異なり、現状を率直に述べている姿は、意思決定制度以外のところでのタイの現状がいかに深刻か窺わせる。地方の例を出しながら、不妊手術や堕胎の必要性を論じ、また、代替的意思決定制度が非自発的な医療措置の問題に対する有効なセーフガードとして意味を持ちうるとし回答しているのは、障害者に対する性暴力や医療現場の対応に関して深刻な問題が存在するのを窺わせる。

おわりに

　本章では、障害者権利条約第12条と一般的意見第1号が合わさった形で要求している、代替的意思決定制度から支援付き意思決定制度への転換が今後どのようにタイで行われるのかを理解するために、障害者を含めた、現行の法的能力に関する制度がどのようになっているかについて、民商法典に定められている行為能力制限と後見制度に焦点を当てて、その内容を概説してきた。

　条文上では精神上の「障害」が明記されていないが、解釈上、精神上の障害により、判断能力が著しく減少している常況にある者については、す

べての行為について取り消すことが可能となっている。また、日本法第9条を参照して立法していることから、日本の現行民法典では使用されていない禁治産者という単語をあえて訳語としてあてた。そのため、被保佐人に相当する者についても、旧来の言葉である準禁治産者とした。

　タイでは、禁治産者命令を受けていない心神喪失者の行為を取り消すことができるように、特別に規定を設けている。ここからもわかるように、何らかの事由により判断能力が十分ではない者を「保護」することが行為能力制限制度の主要な目的となっている。そのため、代替的意思決定制度が当然であるとの認識が裁判官、研究者を含めた法曹界には存在すると思われる。

　また、禁治産者においては、財産行為のみならず、身分行為についても取消対象となっているとともに、一部は無効として取り扱われている。例えば禁治産者命令を受けた場合、禁治産者は婚姻することができない。もちろん、このような身分行為は法定代理人による代理にそぐわないものであるため、法定代理人による代理もあり得ない。そのため、禁治産者命令を受けてしまうと、身分行為も含めて禁治産者の主体性が失われてしまい、ただ受動的にならざるを得ない状況である。婚姻に関係する条文を解説する文献を見る限り、禁治産者の婚姻を禁止する条文の問題性を指摘するものは管見の限り存在しないばかりか、精神障害者に対する差別を惹起するような記述が存在している。法曹界におけるこのような状況からすると、障害者権利条約第35条に基づく包括的な報告書の中で、タイ政府が同条約第12条に関する取組について何ら記述していなかったのは、同条の解釈の幅があるとはいえ、進捗状況を記載できる状況にはないため、ある意味納得できることである。

　条文解釈の観点からすると、起草過程における議論を基準に、批准各国は条約の内容を理解しているのが普通である。そして、条約を批准した国にとっては、条約に違背していることを率直に認めることは難しい。第12条について考えてみると、当事者が合意できるよう曖昧な決着を付け

たにもかかわらず、法的拘束力は無いとはいえ、署名公開後に出された、解釈指針となる一般的意見でその曖昧さを排除している。これでは、批准国も対応が難しいであろう。そうであるならば、障害者権利委員会は、一般的意見と同様に、拘束力は無いが、道筋となるようなモデル法を公開し、批准各国が対応しやすい状況を自ら作出すべきではないかと考えられる。

障害者権利条約および一般的意見第1号が要求しているか否かにかかわらず、タイは障害者

ろう者が運営する夜店

の権利を保護し、法的平等を確立する必要がある。例えば、法的能力の制限を受けていないにもかかわらず、視覚障害者の銀行口座開設は困難を伴う場合がある。これは口座開設の際に証人を求めるために生ずる問題である。タイ民商法典第9条は、法律が書面作成を求めている場合の署名について定めている。当事者が署名ができない場合において、2名の証人がいれば、拇印、×印、印章またはその他符号を署名と同一とみなしている（同条2項）。銀行はこの条文を根拠に証人を口座開設希望者に準備することを求めており、それが視覚障害者の負担を増加させている。しかし、この証人については、口座開設者が準備する必要はなく、銀行の担当者も就任可能である（最判仏暦2511〔西暦1968〕年1253号）。この問題に関しては、国家人権委員会は最高裁判決の趣旨に基づきすべての金融機関に対応をもとめているが、いまだ一部の金融機関に限定されている状態である（Samnakngankhanakammakansitthmanutsayachonhaengchat 2018.）。西澤（2010）に

おいて、2007年憲法の障害者に関する規定や、同年に公布された「障害者の生活の質の向上と発展に関する法律」では、障害者が保護の「客体」ではなく、権利の「主体」となったと評価したが、障害者に関する象徴的な法律のみで判断した評価であり、表面的であったと言わざるをえない。本章で検討した民商法典、精神健康法においては、代替的意思決定が前提となっており、依然として保護の「客体」のままである。本章で取り扱った問題だけでなく、タイの法制度全体において、障害者を主体とすることが求められていると言えよう。

〔注〕

1　具体的には、婚姻（日本民法第738（旧774）条）、協議離婚（第764（旧810）条）、認知（第780（旧828）条）、養子縁組（第799（旧847）条）、協議離縁（第812（旧864）条）といった身分行為および遺言（第973（旧1062）条）について、禁治産者が単独で行えるように規定されている。

2　同委員会は、障害者の問題に限定されるものではなく、子ども、青少年、女性、高齢者に関する問題において下院議長が必要に応じて開催するものである。その場合、関係する民間機関を代表する委員が3分の1以上いなければならない。

3　タイにおいて障害者を対象とした最初の法律である、「仏暦2534（西暦1991）年障害者能力回復法」（通称、障害者リハビリテーション法）は全20条と簡素なものであり、障害者が直面するさまざまな問題に対応することができないうえに、インペアメントのみに着目した規定の仕方であり、大きな問題を有するものであった。そこで、障害の社会モデルの観点から抜本的に改正したものが、「障害者の生活の質の向上と発展に関する法律」（通称、障害者エンパワーメント法）であり、タイにおける障害者基本法と呼ぶことができるものである。

4　第20条1項で定められている公的便益は次のとおりである。医療行為によるリハビリテーション・サービス（1号）、国家教育または国家教育計画に関する法律に従った教育（2号）、就業、標準サービス、労働者保護、雇用安定措置のためのリハビリテーション（3号）、非障害者と平等に、社会、経済、政治活動において、完全かつ効率的に受け入れられ、参加すること（4号）、公的な政策、マスタープラン、計画、プロジェクト、活動、開発、生活必需品、法的扶助、弁護のための法律家へのアクセスを援助すること（5号）、情報、報道、通信、遠距離通信、情報技術、すべての種類の障害者のための情報・通信手段（6号）、手話通訳サービス（7号）、介助動物、介助器具等を移動中の乗物、または滞在中の場所に同行・持参する権利、またはかかる場合において、障害者自身が公共の便益を無料で享受し、かつ同行・持参した介助動物、介助器具等に対する追加料金

を免除される権利（8号）、障害者特別手当を受領すること（9号）、住環境の改修、その他のサービスの提供（10号）である。

〔参考文献〕
〈日本語文献〉
上山 泰 2013「第2章　現行成年後見制度と障がいのある人との権利に関する条約12条の整合性　「小さな成年後見」の視点から」法政大学大原社会問題研究所・管富美枝（編）『成年後見制度の新たなグランドデザイン』（法政大学大原社会問題研究所叢書）法政大学出版局

────── 2018「第9章　法的能力」長瀬修・川島聡（編）『障害者権利条約の実施──批准後の日本の課題』信山社

篠原弘志 1964「禁治産者の能力」谷口知平（編）『注釈民法（1）総則（1）』有斐閣

西澤希久男 2010「第4章　タイにおける障害者の法的権利の確立」小林昌之（編）『アジア諸国の障害者法─法的権利の確立と課題─』（研究双書 No.585）アジア経済研究所

吉村千恵 2017「第3章　タイの女性障害者──当事者運動とエンパワメント」小林昌之（編）『アジア諸国の女性障害者と複合差別──人権確立の観点から』（研究双書 No.629）アジア経済研究所

〈英語文献〉
Committee on the Rights of Persons with Disabilities（CRPD）2014, General Comment No. 1（2014）Article 12: Equal recognition before the law（CRPD/C/GC/1）.

────── 2015a. Consideration of reports submitted by States parties under article 35 of the Convention Initial report of States parties due in 2010 Thailand（CRPD/C/THA/1）.

────── 2015b. List of issues in relation to the initial report of Thailand（CRPD/C/THA/Q/1）.

────── 2016a. List of issues in relation to the initial report of Thailand addendum Replies of Thailand to the list of issues（CPRD/C/THA/Q/1/Add.1）.

────── 2016b. Summary record of the 236th meeting（CRPD/C/SR.236）.

────── 2016c. Summary record of the 237th meeting（CRPD/C/SR.237）.

────── 2016d. Concluding observations on the initial report of Thailand（CRPD/C/THA/CO/1）.

Disability Council International 2015. DisabCouncil's Independent Review,（https://tbinternet.ohchr.org/_layouts/treatybodyexternal/Download.aspx?symbolno=INT%2fCRPD%2fCSS%2fTHA%2f21382&Lang=en）2019年1月21日アクセス.

Thaitrakulpanich, Asaree 2018. For Developmentally Disabled Girls, Sterilization Cast as Protection, Kaosod English（http://www.khaosodenglish.com/news/2018/11/06/for-girls-sterilization-cast-as-protection/）2019年12月22日アクセス

〈タイ語文献〉

Karairiksh, Nalutporn 2016. Rainganphiset: Thammanyingphikan ruerangkaimaikhongphua
kthoe?Prachatai（https://prachatai.com/journal/2016/06/66226）2019 年 12 月 22 日アク
セ ス（Karairiksh, Nalutporn（translated by Asaree Thaitrakulpanich）2016. Sterilizing
disabled women: a convenient solution?, Prachatai English, https://prachatai.com/
english/node/6388）

Kowilaikul, Prasit 2013. Khamathibaikotmaiphaenglaephanit waduaibukkhon（人に関する
民商法典解説）, phimkrangthi6, Nititham, Krungthep

Phakwichanitisueksathangsangkhom pratya laeprawatisat khananitisat mahawitt-
hayaraithammasat （タムマサート大学法学部社会・哲学・歴史法学教育学科）2014.
Banthuekkhamsamphat prayamanawarachasewi（plot wichian na songkla）（プラヤー・
マーナワラーチャセーウィー証言録）, Winyuchon, Krungthep

Pinkaew, Angkhanawadi 2017. Khamathibaikotmaiphaenglaephanit waduaibukkhon（人に
関する民商法典解説）, Phimkrangthi2, Winyuchon, Krungthep

Samnakngankhanakammakansitthmanutsayachonhaengchat（国家人権委員会事務局）2018.
Kawprachasamphan KoSoMo. Huangkhonphikanthansaitakhaomaithuengsitthikhwamkaon
anaikanthamngan haetkhatkhosop-aksonberlnaikansopluantamnaeng -choenchomsathabank
anngoenbanghaengwangrabiapueakhonpikanthangsaita thamthurakamkanngoendaisaduak
（広報ニュース　国家人権委員会は，昇任試験における点字試験問題不準備により視覚障
害者が仕事において前進する権利にアクセスできないことを憂慮する。- 視覚障害者が便
利に金融関連事務を行えるようにいくつかの金融機関が規則を制定したことを喜ばしく思
う。）（http://www.nhrc.or.th/getattachment/076da2e2-0f5c-4b96-80d9-4de5fa5bea20/22-08-
61-ข่าวสิทธิคนตาบอด.pdf.aspx）2019 年 11 月 28 日アクセス

第6章
フィリピンにおける障害者の法的能力

森 壮也

はじめに

　フィリピンには、「障害者のマグナカルタ」という別称で知られる障害者関連基本法がある。これは、1992年に最初のものが成立し、その後、2007年、2010年、2013年、2019年と法改正が行われてきたが、フィリピンは、同法をはじめとしてアクセシビリティ法など（森 2019）、アジアでも障害者関連の法制整備に比較的早くから取り組んでいたことで知られている。しかし、そのフィリピンでも、以前からある民法や家族法などにおける障害者の扱いの見直しの作業は、実はほとんど進んでいない。障害者法はあっても、障害者の権利については、既存の法体系のなかで、適切に位置づけられたとはいえない。障害者法も含めて、フィリピンの法体系全体を改めて見直してみると、ひとつひとつが継ぎ接ぎの一部になっているだけで法としての一貫性が見受けられない。本章で主題とする障害者権利条約第12条における障害者の法的能力という問題については、まさにこのことがよく当てはまる。

　まず、そもそも障害者の法的能力についての議論が法曹関係者の間でも、障害当事者団体のなかでも、これまでほとんど行われてこなかったことがその背景にある。この「法的能力」という課題は、法律上、非常にテクニカルな領域である。それはこの課題が法律上のパラダイムシフト（CRPD

2014, 1) を迫っているからである。テクニカルであるために、障害当事者たちの間でもその認知は十分には進んでおらず、そのことが障害当事者たちの運動のなかで、この課題が明示的に取り上げられる機会を制約してきたと考えられる。障害者の法的能力をめぐる問題は、障害者権利条約で国際的な表舞台に引き上げられたものの、フィリピン国内では、まだ等閑に付されているといって良い状況にある。Series and Nilsson（2018）も述べているように、障害者権利条約第 12 条が求めているパラダイムシフトは、例えば、障害や精神的無能力を理由とした制約を設けない「普遍的な法的能力（universal legal capacity）」を各国の法体系に求めている。したがって、障害者権利条約が目指す新しい法体系のもとでは、いわゆる従来型の後見人制度が前提としていた代替的意思決定もすべて廃されることになる。しかしながら、本論で述べるように、フィリピンにおいては、そもそも代替的意思決定を行う従来の後見人制度ですら障害者について適用されてこなかった。同国では障害者権利条約が求める支援付き意思決定は、実現されていない。そうした実情を本章では紹介していく。

　本章では、まずフィリピンの国内法で障害者の「法的能力」がどのように扱われているのか紹介する。そのために、障害者権利委員会で審議されたフィリピン政府による最初の報告[1]とパラレルレポートの記述から、同国の障害当事者が置かれている状況を紹介し、両者の間にどのような齟齬が生じているのか分析する。次にフィリピンの法体系における障害者の法的能力、とくに後見人制度の実態について分析する。また、婚姻無効の原因となるという観点から、障害者の法的能力がどのように奪われた状態に置かれているかについても分析する。最後に、精神障害者の支援付き意思決定という障害者権利条約第 12 条の最大の課題は、フィリピンにおいて、いまだ大きな問題を抱えているという実情を指摘し、本章の議論をまとめていく。

第1節 フィリピン国内法における障害者の「法的能力」

1-1 障害者権利委員会の総括所見とフィリピンの現況

(1) 障害者権利条約についてのフィリピン政府報告

障害者権利条約（CRPD）は、加盟国に条約批准から2年以内に最初の、その後は4年ごとに、国連の障害者権利委員会に対して、条約内容の各国での現状・進展状況の報告を行わなければならないと定める（第35条）。フィリピン政府の最初の報告（CRPD/C/PHL/1）は2014年11月に行われ、NGOなどによるパラレルレポート（Philippine Coalition on the U.N. Convention on the Rights of Persons with Disabilities 2013）の提出を経て、障害者権利委員会からは2018年10月に総括所見（Concluding Observations）が出されている（CRPD/C/PHL/CO/1）[2]。

以下、政府報告における障害者権利条約第12条にかかわる部分の要約を紹介したのち、障害者権利委員会の総括所見における当該部分について考察する。

フィリピン政府は、その報告において、まず、同国憲法第3条第1節を引用している。

> 何人も、法の適正な手続きによることなしには、生命、自由、財産を奪われない。また、何人も、法の平等の保護を拒まれない[3]。

そして、フィリピン民法（共和国法第386号）[An Act to Ordain and Institute the Civil Code of the Philippines; Republic Act No.386][4] 第37-39条では、障害者権利条約第12条に関連した部分として、次のように定めていると記している。

> 第37条 法的能力（juridical capacity）、すなわち法律関係（legal relations）の対象となるにふさわしいかどうか（fitness）は、すべての

自然人に生来的なものであり、死のみがそれを失わしめる。行為能力、すなわち法的効力をなさしめる行為を行う権限は、後天的なものであり、失われることもある。

　第38条　年少者、精神障害者、知的障害者、ろうあの状況にあるもの、浪費癖のあるもの、禁治産者は行為能力を制限されるのみで、こうした無能力者が行ったことや地役権のような不動産関係から生じせしめることになったある種の義務を彼らが免除されるというものではない（32 a）。

　第39条　以下の事情がある場合には、特段、行為能力の変更や制限をする：年齢、精神障害、知的障害、ろうあの状況、浪費癖のあるもの、禁治産者、家族関係、外国籍であること、存在しないこと、破産状態にあること、受託人である状況。これらの事情の帰結については、本法、及びその他の法律、裁判所規則、また特定の諸法律の範囲内で規定されるものである。行為能力は、宗教的信心や政治的意見を理由に制限されることはない。

　既婚女性で、21歳以上であれば、法律によって指定されるものを除く市民生活のすべての諸側面について有資格である。（n）

　このように法的能力（juridical capacity）に関しては、すべての自然人に生来のものであるとした。そして、障害者である場合には、その人の行為能力について制限を与えているだけであるというのがフィリピン政府の立場である。1987年憲法第3条第11節では、裁判、準司法機関や法的扶助への無料アクセスは、障害者を含めたすべての人たちに認められているという。さらに第12節では、法廷弁護人の雇う余裕がない場合は、そうしたサービスが提供されると述べている。フィリピンでは、公選弁護人事務所（the Public Attorney's Office）という独立した事務所が共和国法第9406号により、障害者を含む市民に奉仕するために設立されており、刑事訴訟、民事訴訟、労働訴訟、行政訴訟、その他の準司法的訴訟において、市民に無料の法的扶助を提供しているという。また障害者は遺言書の有無にかか

わらず、遺産相続を含む民法や法律のもとでの財産獲得や譲渡に関して、法に基づいて保護される。以上が障害者権利委員会からの第12条に関連した質問に対するフィリピン政府の回答である。

フィリピン政府の障害者担当調整機関である全国障害者問題評議会（the National Council on Disability Affairs, NCDA）は、実質的に、この政府報告をフィリピン外務省（DFA）および大統領人権委員会（Presidential Human Rights Committee, PHRC）と共同して作成した主体である。このNCDAは、視覚障害者の取引を手助けするために銀行のATMに関連して次のような啓蒙活動を行ったという。すなわち、視覚障害者が自分でATMでの金融取引を行うことができるよう、音声案内システムをATMに設置するため、立法化のロビー活動の最前線に立っているとする。また、障害者の諸々の権利についての社会的認知のため、刊行物や教育キャンペーンを行っているという。これらは、主として、フィリピン政府が行っている公的な障害者アドボカシー活動の紹介や障害者にも提供されている法的サービスなどの紹介である。しかし、後に述べるように、これらは障害者の権利状況のごく一部しか示しておらず、同国の現況や法的な権利の実情の問題は依然として大きい。

政府報告では、以上のようにフィリピン憲法や民法では、一般的に障害者を含むすべての人に法的権利が保障されていると述べている。一方で、障害者権利委員会は、他の国々と同様、政府報告とあわせて、NGOなどによるパラレルレポートを参考に、勧告を出すことになる。

（2）障害者権利条約について提出されたパラレルレポート

障害者の法的権利について、政府の側の問題意識が上述したように希薄であるとしたら、一方の障害当事者団体や障害者の権利のために活動する弁護士などの側での意識の高まりなくしては、フィリピン国内における問題の前進は期待できない。しかしながら、フィリピンでは、障害者権利条約第12条の問題は、障害者内でもほとんど話題にもなっていないという

のが実情である。

　それでも 2013 年に障害者権利委員会に提出された、フィリピン国内の障害当事者団体のリーダーたちによって構成された権利条約連合によるパラレルレポートでは、以下に述べるような問題が指摘されている (Philippine Coalition on the U.N. Convention on the Rights of Persons with Disabilities 2013)。

　まず障害者権利条約第 12 条については、1987 年憲法では全市民に法的能力の保障が謳われているのに、同条約批准後、何の具体的手立ても講じられていないうえ、既存の法律は、法的権利を一部の障害者について認めていないという実情がある。

　2008 年から 2011 年の間に、障害者にかかわる訴訟 126 件のうち、34 件、全体の 27％ が最高裁まで行っており、その内容は、医学的な意味で永続的かつ心理的に婚姻生活を営めないことを理由とした婚姻無効にかかわるものであった。つまり、フィリピン家族法第 36 条（大統領命令第 209 号）[5] に基づき、こうした訴えが多数回繰り返されていることになる。このように家族法に基づき、多数回、慣行的といえるほど訴訟が起こされているため、精神障害者の婚姻契約は実質上、不可能になってしまっている。この婚姻無効の訴えの根拠となっている家族法第 36 条は次のようなものである。

　　　第 36 条　［精神的不能］婚姻挙行の時に、婚姻の本質的な責務を履行
　　することが精神的に不能である者が行った婚姻は、婚姻挙行の後にこの
　　不能が明らかになった場合といえども、無効とする [6]。(1987 年 7 月 17
　　日の行政命令第 227 号により本条改正 [7])

　また民法では、精神障害があるか、または読み書きのできないろう者は、契約において同意を与えることができないと認識されている。これを示す条項が以下のフィリピン民法第 2 章第 820 条と第 1327 条である。

　　　第 820 条　健全な精神を持ち 18 歳以上であれば誰しも、また盲、ろう、

またはおしでなければ、そして読み書きができれば、本民法第805条で言及されている遺言執行の証人となることができる。

　第1327条　以下のものは、契約において同意を与えることができない…。(2) 精神障害があるか、あるいは認知症の人、また文字の書き方を知らないろうあ者。

　このように、ろう者、盲、精神障害者または言語障害者、さらに読み書きのできない者は、遺言執行の証人となることを許可されない。また、精神障害者、文字の書けないろうあ者は、契約に同意することができないとされている。ここで挙げられているように、精神障害者、ろう者、盲人の法的権利が認められていないことが、パラレルレポートのなかで、フィリピン民法の問題として具体的に指摘されている。

　さらに、後見人などに関する特別手続き（Special Proceedings）である裁判所規則第92号では、以下のように、いくつもの障害種別が、法的に無能力者（禁治産者）とされている[8]。

　　規則第92号第2項「無能力者」(incompetent) の意味——本規則の下では、「無能力者」ということばは、市民権停止罰を受けた人、または入院しているハンセン病患者、浪費家、読み書きのできないろうあ者、たとえ正気に戻っている間[9]であっても精神障害のある者だけでなく、年齢、疾病、知的障害、同様な他の原因がある者で、外部からの支援なしでは、自分自身の世話ができない者や自分の財産の管理ができない者で、容易に詐欺や搾取の被害者になる者を指す。

　たとえ、そのようなケースもあるとしても法律が行うべきは、これらの人たちから法的権利を奪うことではなく、必要な支援によって法的権利を行使できるようにするべきだというのが、この障害者権利委員会へのパラレルレポートでの障害当事者グループの指摘である。

また最高裁のレイプ事件の判決では、共和国法第 8353 号（Republic Act 8353）、別名反レイプ法（The Anti-Rape Law of 1997）の以下の条項を適用したケースがあった。

　　a）知的障害のある女性／少女は、彼らが「判断力を欠く」ため、法的能力を持つ人として考えない[10]
　　b）精神障害のある女性のセクシュアリティに関する法的能力を認めない[11]

　知的障害、精神障害のある女性の法的能力、代表的には結婚できる能力を認めていないことが、この反レイプ法の条文に残っていることがわかる。
　現在の民法や家族法には、他の者と平等に、障害者が法的能力を行使することを促進する法的手立てが何も用意されていない。意思決定能力の面で影響を受ける障害者は、法的能力を法律上、奪われる可能性があり、後見人に自分の権利の行使を付託することができるのみである。またこれら民法や家族法を含む法律には、障害者を支援する条項もなく、このため、とくに精神障害者や知的障害者は、財産権の行使や自分の経済的問題を管理しようとする時、困難に直面することになると指摘されている。このほか、現民法・家族法では、障害者の法的能力の救済・回復の手立てがなく、精神障害者、知的障害者については、財産権や経済問題に関する支援策は、その管理を支援する手立ても含めて定められていないという。
　権利条約連合は、彼らのパラレルレポートの最後で、人権教育について次のような意見を出している。それは、後見人制度や代理決定は、支援付き意思決定を重視した法的能力を強調するものでなければならないというものである。障害者は支援が得られれば意思決定ができる人たちなのだという事実に基づいた教育を、とくに司法担当者、公務員、社会全体が受けなければならないとする。障害者権利条約で打ち出されている後見人制度から支援付き意思決定に向けたパラダイム転換のための関係者の教育も行

われていないため、その必要性も訴えている。権利条約連合としては、フィリピン家族法第36条（証言規則）を含む法律の見直しと修正、また法的な救済策が医療面に限定されているものを権利の観点から見直すことを求めている。それに加え、学校に行けない状況や女性障害者に対する差別に関係した条項を含む、障害者の法的能力を認めていないその他のすべての差別的な法律と政策の見直しも求めている。

　また権利条約連合は、議員たちに、市民社会と協力して障害者権利条約に沿った法的能力についての新規則を定め、政府は支援付き意思決定を世間に広めるようなモデルプログラムを、通常の予算割り当てを通じて支援するよう求めた。

　以上が、主たるパラレルレポートの内容をまとめたものである。政府報告に比べて非常に広範な内容となっており、結婚の問題や契約当事者になる法的能力といった根本的な問題について、同国の法体系がきちんと対応できていない問題を指摘している。また、支援付き意思決定というかなり先進的な問題についても、政府報告が何も触れていないのに対し、パラレルレポートではその問題点が明示されている。同国の国内法制が抱えている問題をよく整理しているといえる。

（3）フィリピンに対する障害者権利委員会の総括所見

　パラレルレポートを踏まえて、障害者権利委員会の総括所見では、第12条にかかわる事項として次の3点を指摘している。

　　（a）フィリピンの法制では、依然として障害者が自らの意思および彼らの生活のすべての側面にかかわる選好を表明することを否定している、また後見人を利用し、知的、精神障害者が自分たちの権利を行使するための法的能力も否定されたままである。

　　（b）同国下院で行われているという決定支援、および、代理の決定者として実質上の役目を果たすことになる「法的代理人」の選任の条項

についての審議は、法の前の平等を欠いたものとなるだろう。

(c) 障害者、とくに聴覚障害者は、障害者本人とコミュニケーションのできる法律専門家がいないために法システムへのアクセスを得る困難に直面している。

　この（a）から（c）で述べられているのは、フィリピンにおいて、障害者の法的能力は、障害者権利条約の求めるようには十全に実現されていないという判断である。これらについて同委員会は次のように勧告している。

(a) フィリピン民法（共和国法第 386 号）37 条から 39 条、フィリピン憲法第 3 章第 11 条、および共和国法第 9406 号を再検討し、障害者権利委員会の法の前の平等に関する一般的意見第 1 号（2014）に沿う形で、障害者の法的能力を完全に認めるような法制化を求める。

(b) 障害当事者や彼らを代表する団体と協議・協力し、公務員、判事、ソーシャル・ワーカーを含むすべての関係者に対して、障害者の法的能力の認知および支援付き意思決定の諸原則に関するトレーニングを提供すること。

(c) 障害者のための支援付き意思決定システムを、支援停止もできるようにすることを含め、障害者の選択の自由に沿う形で確立すること。

　しかしながら、上述の政府報告を見てもわかるように、フィリピン政府が障害者権利委員会に提出した報告が初めてのものであるということを考慮したとしても、そこで述べられているのは障害者の権利の問題ではなく、フィリピン国民一般の権利の問題でしかない。それを考慮すると、憲法や民法の規定など、障害者権利条約第 12 条の障害者の法的権利に関連して多くの問題が指摘されているものの、政府がこれらを真摯に受け止められるのか定かではない。

1-2 フィリピンにおける障害者の「法的能力」を巡る諸問題
──精神障害者について

法律の条文のなかでは、依然として法的権利が問われている問題として、精神障害者等の法的能力の問題が挙げられる。前述したとおり、民法上の法的人格を規定した第1章の一般規定（第37-39条）は、自然人に権利能力を認めつつも、一定の障害者などを無能力者として、彼らが制約を受ける行為能力について明記している。

その結果、2018年に新しく精神保健法は制定されたものの、フィリピンの精神障害者は、既存の法律の条文のなかでは行為能力の制約を受けた旧態依然の状況にいる。つまり、フィリピンの精神障害者は、障害者権利条約で保障されたような平等な法的能力を持ち得ないままなのである。また、心理学的な不能は、民法の結婚の条項改正に関する共和国法第8533号（R.A. 8533）において、結婚の無効または解除の根拠として用いられ続けている。さらに、刑法では次のような規定も見られる。

改正刑法第12条および第124条（Revised Penal Code Article 12 and 124、1930）

第12条　刑事責任を免除される要件としては以下のものがあげられる。
1. 知的障害または精神障害がある人で、後者については、正気である間に行った行為でない場合。

　　法が重罪であると定める罪を犯した知的障害または精神障害のある者の場合、裁判所は当該人をそうした患者のための病院あるいは施設に入院拘禁するよう命令しなければならず、最初に同じ裁判所の許可を得なければ退院を許可されない。
2. 9歳未満の人物
3. 9歳を超えているが15歳未満の者で、当該人が見識のある仕方で行動していた場合を除いて、未成年者は、本法の第80条（訳注：

未成年者に対する判決延期についての条項）の条項に従って訴訟が
　　進められなければならない。

　　　このような未成年者に刑事的に責任を負えないという判決が下さ
　　れる場合、裁判所は、本条項およびその先行段落に従って、当該未
　　成年者を家族のケアによる監視と教育の下におき、保護監督下に置
　　かなければならない。そうでない場合は、当該人物は、前述の第
　　80条で言及されているなんらかの施設あるいは人物のケアに委ね
　　られなければならない。

4. 相当の注意を払って合法的な行動をしている間、過失や意図するこ
　　となく、単純な事故によって、負傷事故を起こしたすべての人

5. 不可抗力の強制下で行動したすべての人

6. 負傷に相当するあるいはそれを超えるような制御不可能な恐怖衝動
　　下で、行動したすべての人

7. なんらかの合法的または対処不可能な原因のために阻止され、法律
　　が求める行動を取れなかったすべての人

　　第124条 恣意的拘留—法的な根拠がないにもかかわらず人を拘留し
　　た公的官吏または公的従業員は、以下の処分を被る。

とする拘留にかかわる条文の第2段落において、

　　　病院への強制拘禁が必要な、犯罪行為、あるいは、暴力的な精神障害、
　　またはその他の病気は、すべての人の拘留の法的根拠とみなされる。

と定められている。刑法第12条の1が知的障害、精神障害について言及し
ており、彼らについて刑事責任が免除される規定となっている。このよう
に精神障害者などは民法で行為能力が制限されているのに加え、刑法でも
刑事責任が免除される規定の対象ともなっており、フィリピンにおける彼

らの法的能力は、依然として非障害者と同等とはいえない状況が続いている。

1-3　フィリピンの障害者と支援付き意思決定

　精神障害者、知的障害者の法的能力については、依然として限定されていることがこれまでの分析で明らかになったが、それに関連して、次にいわゆる「禁治産者」（無能力者）の扱いがフィリピンの法体系のなかでどのような現況にあるのかを見てみよう。

　フィリピンにおいて、「支援付き意思決定」（Supported Decision-Making）の対象者となる成人「無能力者」は、法的には、1-1 で前述した、改訂裁判所規則第 92 条第 2 項が定義する。この支援付き意思決定を保障しているのは、2018 年に新しく制定された精神保健法（R.A. 11036）であるが、同法は同時にインフォームド・コンセントの例外も規定している。このため、同法では支援付き意思決定の原則が十分に守られていないことになる。同法では、意思決定の面での障害、あるいは、一時的な喪失を次のように定義している（第 4 条）。

　　(g) 意思決定能力の機能障害あるいは一時的な喪失とは、サービス利用
　　　　者、または精神保健状況の影響を受けているその他の人が、インフ
　　　　ォームド・コンセント上の同意を示せないと医学的に判断される不
　　　　能のことをいう。サービス利用者は、精神保健専門家による評価に
　　　　より、下記に示すことが不可能である場合、意思決定能力面の障害
　　　　がある、あるいは、それが一時的に喪失しているとされる。
　　(1) 精神保健状況にかかわる情報を理解すること
　　(2) 当該人の人生や健康、あるいは他人の人生や健康について、当該
　　　　人の決定や行動の結果を理解すること
　　(3) 治療法、直截的な効果、起こりうる副作用の情報も含め、提供さ
　　　　れている治療法の性質についての情報を理解すること
　　(4) 治療、入院、あるいは当該人の状況にかかわる情報について、承

諾にかかわるコミュニケーションを効果的な仕方で行うこと

　上記（g）で出てくるインフォームド・コンセントについては次の（h）において次のように定義されている。

　　（h）インフォームド・コンセントとは、利用可能な代替策だけでなく、提案されている治療の性質、影響、利点、リスクについて、同席している精神保健サービス提供者によって、平易な言語で完全に説明開示されたあと、治療計画についてサービス利用者によって自発的に与えられる同意のことをいう。

　これらの前提のうえで、（v）において支援付き意思決定が定義されている。

　　（v）支援付き決定とは、精神保健に関係した選好や意図、決定について表現する際、意思決定能力上の機能障害や喪失の影響を受けていないサービス利用者を支援するための行動を指す。

　支援付き意思決定については、さらに同法第 11 条において以下のように追加定義されている。

　　　第 11 条　支援付き意思決定－サービス利用者は、その法定代理人を含む 3 人までの「サポーター」と呼ばれる人を、支援付き決定のために指名することができる。これらのサポーターは以下の権限を持つものとする。サービス利用者の医療情報へのアクセス、提案されている治療や療法に関してサービス利用者と話し合うこと、治療や療法の最中に精神保健専門家や精神保健ワーカーその他のサービス・プロバイダーとのアポイントメントやコンサルテーションに同席すること。

ここでいう法定代理人は、第4条（i）において次のように定義される。

（i）法定代理人とは、サービス利用者によって指名されるか、管轄権のある裁判所によって任命されるか、本法あるいはその他の適用可能な法律によって権限を付与された人物によって、サービス利用者のために代理で行動する人である。法定代理人は、事前指示書を通して代理で行動することを、サービス利用者が書面で任命する場合もある。

　このように、精神障害・知的障害等の障害があれば、依然として有無を言わさず、禁治産者の認定対象としているということができる。一方、支援付き意思決定ももっぱらインフォームド・コンセントという文脈において、その際に同席するサポーターが行うものとしてのみ導入されている。このため、支援付き意思決定はフィリピンでは皆無ではないものの、精神障害者・知的障害者の権利実現のためのツールではなく、非常に制約のあるものでしかない。支援付き意思決定に関連して、後見人の位置づけについては、次節でさらに詳しい分析を行う。

第2節　フィリピンにおける後見人制度と障害者

2-1　後見人制度と障害者

　次にフィリピンにおける後見人制度について紹介する。同国において、後見人そのものの法律上の規定の歴史は古い。後見人が登場するのは、最高裁が1964年に公布した前述の裁判所規則（Rules of Courts）の規則92-97である。規則92の第1項は、本規則は、未成年である当該人またはその財産あるいはその双方についての後見申立てに適用されると定めている。すなわち後見人の役割は、ひとつには、当事者が自分で決定ができない18歳未満の子ども（Minor）であるため、被後見人に同行する、助言者的後見人（Guardianship for Mentor）としての役割がある。そしてもう

ひとつは、無能力者のための後見人（Guardianship for Incompetence）とい
うものである。前者は、両親が後見を行う場合には、裁判所による任命は
不要であり、その場合にこの規則は民法の後見人規則を補うものとされて
いる。一方、後者は、成人の無能力者について後見するというものである。
ここで改めて同規則第 92 号第 2 項を見てみよう。

　　　規則第 92 号第 2 項「無能力者」（incompetent）の意味——本規則の
　　下では、「無能力者」ということばは、市民権停止罰を受けた人、また
　　は入院しているハンセン病患者、浪費家、読み書きのできないろうあ者、
　　たとえ正気に戻っている間であっても精神障害のある者だけでなく、年
　　齢、疾病、知的障害、同様な他の原因がある者で、外部からの支援なし
　　では、自分自身の世話ができない者や自分の財産の管理ができない者で、
　　容易に詐欺や搾取の被害者になる者を指す。

　この規定は、精神障害者や知的障害者を保護するための規定ではあるも
のの、非常に差別的なものだといえる。なぜなら、無能力（Incompetence）
という語が使われているが、この語は、法律家が、障害者は自分のことも
できない無能な人だと見ているということを意味しているからである。そ
れは、彼らには、後見人が必要だと法律家が、見ていることもわかる。こ
の条項が作られた当時はこれが差別的であるという認識がなく、ここで対
象となっている人たちのケアをすることが良いことだと考えられていたと
思われる。しかし、これは現在の権利主体としての障害者という視点から
すると、誤った見方であることは明らかである。しかしながら、今なおこ
の条項は生きており、障害者権利条約を批准したにもかかわらず見直され
ていない。
　フィリピンの後見制度では、障害者は後見を受ける対象（Ward）とさ
れている。この場合、障害者は自ら決定を行うことができないために、後
見人が彼らのために決定を行うという考え方が一般的に受け入れられてい

る。つまり、後見人は代理決定をする人であり、支援付き意思決定をする人とは考えられていない。

　さらに、被後見人が家屋や財産を所有していた場合、日々のことについては後見人が決定するが、所有権や物権の売買については、裁判所の裁可を得る必要がある。フィリピンでは、このように裁判所自身も後見人としての機能を果たしている。どのような行為（Act）なのかによって、後見人が判断するか、裁判所が判断するか、取り決められている。つまり、フィリピンにおいては、被後見人が判断するということはなく、被後見人は、契約を結ぶことも、取引をすることもできず、後見人の支援（Support）を必要とする法制度となっている。契約の締結などの効力は被後見人には認められておらず、後見人をともなわなければ、銀行口座も開くことができない。要するに、フィリピンの後見人制度の下では、障害者は裁判所の管理下に置かれ、彼らの自己決定は制限されているといえる。

　フィリピンでは、発達障害者、知的障害者、精神障害者が無能力者に当たる。人格障害の人たちもこれに含まれている。これら障害者の有する権利が制限され、代理決定をする後見人に強制的に委ねられている状況にある。これは障害者権利条約第 12 条が求めている状況とは異なるため、障害者権利委員会としては、フィリピン政府に法の全面的見直しを求めている。

2-2　婚姻の無効と精神障害

　フィリピンにおいては、前節で詳述したパラレルレポートで指摘されているとおり、家族法第 36 条が「婚姻挙行の時に、婚姻の本質的な責務を履行することが精神的に不能である者が行った婚姻は、婚姻挙行の後にこの不能が明らかになった場合といえども、無効とする」と定めている。家族法第 68 条は、この婚姻の本質的な義務について次のように定める。

　　第 68 条　夫婦は、同居し、互いに愛し合い、尊敬し、貞操を保ち、

協力し扶助し合わなければならない。

　この義務を果たし得ない要因の1つとして、精神的に病んだ状態が考えられており（パンガランガン 2008, 270）、有効な婚姻ができない者として家族法第45条は下記の場合を列挙する。

1. 親の同意のない18歳以上21歳以下の者との婚姻
2. 当事者の一方が精神異常である場合
3. 当事者の一方が合意が詐欺、強迫、威嚇もしくは不当な影響を受けてなされたものである場合
4. 当事者の一方が婚姻の完遂について精神的無能力であり、かつその無能力が治癒不可能である場合
5. 当事者の一方が重篤かつ治癒不可能な性的伝染病に罹患している場合

　「婚姻当事者は、ひとたび本条により精神的不能であるという判決を受けたら、再婚する資格も失うことになり、たとえ再婚したとしても、そのような再婚は、また無効になるだけである」（ノリエド 2002, 108）。すなわち、この条文に基づく判決は、当該障害者の婚姻の権利をはく奪する結果をもたらす相当に厳しいものであるといえる。

　また、この婚姻の権利を奪う精神的不能については、サントス対控訴裁判所に関する最高裁判決（Santos v. BEDIA-Santos, G.R. No.112019、1995年1月4日）に至る議論のなかで、「心神喪失」は婚姻の取消原因に過ぎないが、「精神的または情緒的不能」が婚姻の無効原因であるのは、前者は治療が可能であり、後者はそうではないという議論がされたという（ノリエド 2002, 115）。治療による回復を前提としない場合には、そもそも婚姻が行われなかったはずであるとされているが、精神障害における寛解期（精神障害の状況が軽減・消失した時期）についての議論が十分に行われたとはいえない。また、こうした議論の過程において、精神障害当事者への正当なヒアリングが行われたとの記録もなく、主として法律専門家や医学関係者

のみによって方向性が決定づけられたことがわかる。障害当事者の参加がないことは、障害者権利条約策定時のプロセスや理念と大きく異なり、そのことが精神障害当事者から批判のある婚姻無効の議論をもたらし、今日でもなお続いていることに問題がある。

2-3　フィリピンの精神障害者と支援付き意思決定（再論）

　これまで述べてきた障害者権利条約第12条にかかわる諸問題のなかで、主たる対象として考えられているのは、知的障害者と精神障害者である。知的障害者の場合は、聴覚、視覚、肢体不自由といった障害に比べて遅れをとったものの、特別支援教育の枠組みを通して、学校教育レベルでの知的障害児は把握されている（森 2015）。一方、精神障害については、その主体が成人であることもあり、実態がよくわかっていないという問題がある。政府の公式統計上も、障害種別の数字の公開は、1995年のセンサス以後、行われていない（NSO 2019）。保健省でも数字は把握されていなかったが（2019年現在）、2018年に精神保健法（共和国法第11036号）が成立したことを受けて、最初のステップとして、保健省が、従来から保有はされていた各精神病院の受診患者データの集計を始める予定である[12]。このようにフィリピンにおける知的障害者、精神障害者の実態を示す統計はまだ整備されておらず、取り組みの必要性がようやく認識され始めてきたというのが現状である。

　しかしながら先述の精神保健法の成立により、既に述べたように統計整備への道筋が付いたほか、医学領域を超えた精神障害者のための政府の支援のあり方の見直しも出てきている。これは新しい精神保健法が、精神障害者を精神障害サービスのユーザーとして定義し（第2章）、世界人権宣言、障害者権利条約、障害者のマグナカルタ（RA7277）等に言及しながら、精神障害者の権利と政府の施策を定めた法律となっていることによる。また同法は目的として「個人が自分自身の能力や素質を認識し、通常の生活ストレスに適切に対処し、生活上の究極的なできごとに直面した時にも回復

力を発揮し、生産的かつ効果的に労働し、コミュニティーに正の貢献をすることができるような快適な暮らしの状態を目指す」(第4節 (j)) としている。その精神障害者の精神保健状況についての箇所で、精神障害を「個人の認知、情緒の制御、神経生物学的、精神・社会的または精神機能の底にある発達的な過程で見受けられる遺伝的あるいは後天的な機能不全を反映している神経学的ないし精神医学的、臨床的に顕著な障害としている。神経学的あるいは精神医学的な状況については、医療上、また最良の科学的・医学的エビデンスに基づいている必要がある。」(第4節 (k)) と定義している。

　一方、支援付き意思決定については、第4節 (v) で次のように定義している。

　　　支援付き意思決定とは、意思決定能力に障害があるか、それが失われていることによって影響を受けていないサービス利用者が、精神保健に関係した選好、意思、決定を表明する際の支援行為を指す。これには、過度の影響、強制、虐待からの保護を保障するために必要な援助、緊急避難措置、諸手段を含む。

　しかし、1-3で前述したとおり、第11項での支援付き意思決定は、「相談」し、「取り決めをする際や治療や療法の過程で精神保健専門家やワーカー、その他の医療関係者との相談の際に同席することができる」と定めるにとどまり、実際の意思決定の支援をどのように実施するかについては精神保健法では述べられていない。

　以上をまとめると、フィリピンの精神保健法で想定されている支援付き意思決定は、意思決定の代理ではなく、支援であることは明記されているものの、障害当事者の意思の支援のあり方については何も定めていないに等しい。また成年後見制とどのように関係づけられているのかについても述べておらず、フィリピンの障害関連法制でよく見られる、他の法体系と

の整合性がはかられていないままであるという特性がここでも生じてしまっていることがわかる。

障害者権利条約第12条との対比で表面化する、多くの国々で見られる状況は、障害者も、人として無条件に「権利能力」を認められるようになってきているものの、それ

全学年が同じ教室で学ぶ農村部のろう学校（森壮也撮影）

を行使する「行為能力」（広義の契約など法律行為）については制限が課されているという状況である。個人の意思決定スキルである判断能力に制限はあっても、知的障害者・精神障害者の権利能力を法律のなかで明確に述べていなければ、当該国の支援付き意思決定は、障害者権利条約第12条の要求を満たしているとはいえない。この意味では、残念ながらフィリピンの支援付き意思決定は、障害者権利条約第12条が求めている内容を満たしていない。

おわりに

本章ではこれまで障害者権利条約の第12条の法的能力をキーワードに、フィリピン国内のさまざまな法体系に必要な修正が、いまだなされていない問題を取り上げた。障害者権利委員会から厳しい勧告が出ていることからわかるように、フィリピン政府の取り組みは十分であるというにはほど遠い状況である。精神保健法も2018年に成立したばかりで、その法律を現実に力あるものにするための施行規則（Implementing Rules and Regulations, IRR）もまだ定まっていない。この施行規則について、フィリ

ピン人権委員会（the Commission on Human Rights）は、保健省が担当する
はずだと発言しているとのことだが[13]、実際にどのような運用になるのか
は見えていない。

　冒頭で述べたフィリピンの法体系のなかにおける障害者の権利をどのよ
うに位置づけるかという問題も、森（2018）で論じた新アクセシビリティ
法に見られるように政府による他の法律との調整の努力の問題である。し
かし、ほとんどはただ新法が作られるだけで、一部の法制について、障害
当事者団体から見直しの要望があがっている既存の法律の規定や用語の見
直しは、まだ手つかずである。したがって、政府の取り組みは、障害当事
者たちからするとまったく不十分だということになる。

　今後の課題として、法律のテクニカルな問題も含め、行政と民間の双方
の法律専門家によるフィリピン民法のオーバーホールが必要な状況といえ
る。障害当事者団体によるさまざま法律のチェックも欠かせない。課題は
非常に多いが、本章で紹介したように改正すべき箇所は当事者団体にも認
識されてきている。必要なのは前述したように、障害当事者たちと法曹専
門家との共同作業である。フィリピンでは、まだ障害当事者の法曹専門家
は数少ない。それだけにこの共同作業を可能にする枠組みが作られること
が求められている。法体系の全面的な再検討と用語や概念の修正、そして
何より障害者権利条約第12条で求められるように、後見人制度から支援
付き意思決定へのパラダイムシフトがフィリピンでも求められている。さ
まざまな形態での国際協力を通じて、その変化の支援が今後、拡大してい
くことを最後に期待したい。

〔注〕
1　フィリピンが障害者権利条約に批准したのは、比較的早く、2008年である。したがっ
　て報告は2010年には提出され、検討されなければならなかったが、同条約の加盟国数が
　多数に上ったため審査が遅延し、実際に報告書が検討されたのは2018年を待たなければ
　ならなかった。

200

2 本節は、国連人権高等弁務官事務所（OHCHR）の障害者権利委員会のウェブページに掲載されているフィリピン政府の報告（CRPD 2015）および総括所見（CRPD 2018）を参照して整理したものである。

3 以下、フィリピン法の日本語訳は安田ほか（2003）による。

4 フィリピン民法は、スペイン民法の影響を強く受ける形でスペイン占領下の1889年に最初に施行された。その後、1898年の米西戦争によりフィリピンの宗主国がスペインから米国に移ったあと、しばらくこの民法が効力を持っていた。しかし、1940年にフィリピンのコモンウェルス初代大統領であるマニュエル・ケソンが新民法を作り、それが1945年の日本による占領まで続いた。第二次大戦の後、1947年にマニュエル・ロハス大統領が新民法の起草に入り、1950年から新民法が施行された。ただ、この間、ずっと最初の民法からの連続性は保たれているようである。現行の民法は、①家族法、②財産法、③相続法、④債務・契約法、⑤特別契約法（販売契約、代理契約、提携契約）の5つからなる。また、最初のスペイン法の影響を強く受けた民法とは連続的につながっており、それは②、③、④で特に強く影響を受けているとされ、⑤は米国法の影響が強いといわれている。

　本章で大きく関係する①では、第一次エドサ革命後の1987年に、当時のコラソン・アキノ大統領によって制定された1987年家族法を基礎とする。これは1979年から開始されていた同法の見直し作業の結果であり、主として結婚、また夫婦間の財産関係、認知、扶養、実親子関係や養子縁組について定めている（ノリエド 2007）。

5 Executive Order 209（http://www.chanrobles.com/executiveorderno209.htm, アクセス日 2019年2月13日）.

6 訳文は、ノリエド（2002, 107）による。また家族法に関する法解釈もとくに断り書きのないかぎり同書による。

7 Executive Order 227（http://www.lawphil.net/executive/execord/eo1987/eo_227_1987.html, アクセス日：2019年2月13日）.

8 Rules of Court. Rule 92. Venue（http://sc.judiciary.gov.ph/rulesofcourt/RULES%20OF%20COURT.htm#rule_92, アクセス日：2019年2月13日）.

9 これは "lucid intervals" の訳である。日本の精神医学用語では、「意識清明期」とされている。意識が清明、つまり周囲と自己を正しく認識している状態であった時期を指す。

10 以下の判例においては、知的障害者は性行為に同意を与えることができないので、反レイプ法（改正刑法典）第266条A項1号bの「被害者が判断力を喪失しているか、意識がない」状況下での性交に該当するなどと判示している。

　G.R. No. 168932.People of the Philippines vs. Charlie Butiong（http://sc.judiciary.gov.ph/jurisprudence/2011/october2011/168932.htm, アクセス日：2019年2月13日）.

　G.R. No. 182412.People of the Philippines vs. Jojo dela Paz（http://sc.judiciary.gov.ph/jurisprudence/2011/november2011/182412.htm, アクセス日：2019年2月13日）.

　G.R. No. 177295. People of the Philippines v. Marlon Barsaga（Abella.http://sc.judiciary.gov.ph/jurisprudence/2010/january2010/177295.htm, アクセス日：2019年2月13日）.

G.R. 188901.People of the Philippines v. Gilbert（Castro.http://sc.judiciary.gov.ph/jurisprudence/2010/december2010/188901.htm，アクセス日：2019 年 2 月 13 日）.

G.R. 186533.People of the Philippines v. Efren Castilo（http://sc.judiciary.gov.ph/jurisprudence/2010/august2010/186533.htm，アクセス日：2019 年 2 月 13 日）.

G.R. No. 186411. People of the Philippines vs. Arturo Paler（http://sc.judiciary.gov.ph/jurisprudence/2010/july2010/186411.htm，アクセス日：2019 年 2 月 13 日）.

11　以下の判例では、精神病者、精神障害者も、反レイプ法（改正刑法典）第 266 条 A 項 1 号 b の「被害者が判断力を喪失しているか、意識がない」状況に該当すると判示している。G.R. No. 144036. People of the Philippines v. Victor Ugang（http://www.lawphil.net/judjuris/juri2002/may2002/gr_144036_2002.html，アクセス日：2019 年 2 月 13 日）.

12　この調査の背景にあるのは、WHO の Mental Health Atlas 2017（https://www.who.int/mental_health/evidence/atlas/mental_health_atlas_2017/en/）である。フィリピンの精神病院が、2019 年度までに作成したデータでは、精神病での入院患者数は、3365 人、通院患者数は、人口 1 万人あたり 80.89 人と報告されている（2019 年 10 月フィリピン国立精神保健センター（マニラ首都圏、マンダルーヨン市）で行われた担当医師への筆者インタビューによる）。

13　2018 年 11 月に筆者がマニラ首都圏で実施した精神障害当事者運動のリーダーへのインタビューによる。

〔参考文献〕
〈日本語文献〉
ノリエド，J.N.（著）奥田安弘・高畑 幸（訳）2007『フィリピン家族法　第 2 版』明石書店
パンガランガン，エリザベスほか，長田真里（訳）2008「渉外的婚姻および渉外離婚における抵触法上の諸問題——国際家族法研究会シリーズ 5」『立命館法学』（4）320, 255-278
森 壮也 2015「フィリピンにおける障害者教育法」小林昌之（編）『アジアの障害者教育法制——インクルーシブ教育実現の課題』アジア経済研究所
―――― 2019「フィリピンにおける障害者のアクセシビリティ法制」小林昌之（編）『アジアにおける障害者のアクセシビリティ法制』アジア経済研究所
安田信之・知花いずみ・三好史子・薗巳晴（訳）2003「1987 年共和国憲法（全訳）」『フィリピン共和国憲法——概要及び翻訳』衆憲資第 19 号（委託調査報告書），衆議院憲法調査会事務局

〈英語文献〉
Aguiling-Pangalangan, Elizabeth H. ed. 2012. *The UN Convention on the Rights of persons With Disabilities: A Piece of the Puzzle in the Access to Justice and Disability Equality Dilemma*, UP Law Center Institute of Human Rights.
Committee on the Rights of Persons with Disabilities（CRPD）2014, General Comment No. 1（2014），Article 12: Equal Recognition before the Law, CRPD/C/GC/1.

────── 2015. "Consideration of reports submitted by States parties under article 35 of the Convention: Initial report of State parties due in 2010 The Philippines", CRPD/C/PHL/1, 3 November 2015, at https://documents-dds-ny.un.org/doc/UNDOC/GEN/G15/249/60/PDF/G1524960.pdf?OpenElement（アクセス日：2019 年 2 月 9 日）.

────── 2018. "Concluding observations on the initial report of the Philippines", CRPD/C/PHL/CO/1, 16 October 2018, at https://tbinternet.ohchr.org/_layouts/15/treatybodyexternal/Download.aspx?symbolno=CRPD/C/PHL/CO/1&Lang=En（アクセス日：2019 年 2 月 9 日）.

Litong, G. T. 2018. *Rights-Based Policing – Idealizing Human Rights in Law Enforcement in the Philippines*, UP Law Center Institute of Human Rights.

NSO 2019 1995 Census of Population Report, no. 2 Philippines（https://psa.gov.ph/content/1995-census-population-report-no-2-socio-economic-and-demographic-characteristics-2）

Pangalangan, R. and G. T. Litong, eds., *The State Duty to Fulfill and Provide Effective Remedy* Volume I and II, American Bar Association（Philis.）Representative Office, 2014.

Philippine Coalition on the U.N. Convention on the Rights of Persons with Disabilities 2013. "U.N. Convention on the Rights of Persons with Disabilities: A Parallel Report submitted to the Committee on the Rights of Persons with Disabilities on the implementation of the Convention in the Republic of the Philippines from 2008-2013", at https://tbinternet.ohchr.org/Treaties/CRPD/Shared%20Documents/PHL/INT_CRPD_CSS_PHL_32242_E.doc（アクセス日：2019 年 2 月 9 日）。

Series L, Nilsson A. 2018 Article 12 CRPD: Equal Recognition before the Law. In: Bantekas I, Stein MA, Anastasiou D, eds. *The UN Convention on the Rights of Persons with Disabilities: A Commentary.* Oxford（UK）: Oxford University Press. Available from: https://www.ncbi.nlm.nih.gov/books/NBK539188/.

　法的能力平等化の要請（障害者権利条約 12 条）に基づいて民事の行為能力の制限（成年後見制度）を廃止せよというのであれば、刑事の責任能力（刑法 39 条）も廃止すべきではないかという議論がある。しかし、民事の行為能力と刑事の責任能力には法的能力の前提に大きな違いがある。民事の行為能力は、これからさまざまな契約などの法律行為をするにあたってその能力をどう考えるかという問題であるのに対して、刑事の責任能力は、過去に行ってしまった行為についての責任を問える能力があったかどうかという問題である。行為能力は展望的で forward-looking な問題であり、刑事責任能力は回顧的で backward-looking な問題という違いがある。法的能力の平等性の前提には意思決定を支える基盤になる社会的な関係が十分に与えられていることが必要である。障害者権利条約は障害のある人たちが社会的な排除を受け続け、意思決定を支える基盤になる社会的な関係から差別的に疎外されてきたことから、それを補充し修復することを国家の義務（障害者権利条約第 12 条 3 項）とし、それが履行されることを法的能力の平等化の要請に含めている。法的能力の行使の支援は将来に向けて行うことは可能であるが、すでに行われてしまった行為について遡って支援を要請することは不可能である。したがって、過去における行為が、障害のない人と平等に十分に国家の支援を受けたうえで行われたものであれば、その行為に対する法的な効果や責任は同等でなければならないが、過去における行為が、社会的排除がある偏頗な社会構造の中で行われ、国家が支援義務を果たしていなかった場合に、国家がその行為について障害のない人と同等の責任を問うことは公正で平等な取り扱いにはならない。したがって、民事の行為能力制限を廃止するなら刑事の責任能力も廃止せよということにはならない。もっとも、障害者権利条約第 12 条に関する一般的意見 1 号（para. 14-15）は、法的能力の差別の前提には、人間の内面の心の動きを正確に評価できるという思い込みがあり、その評価自体が社会的、政治的な状況に左右されることを指摘している。この点からみると医学モデルに基づく精神鑑定によって刑事責任能力を判定することには民事の

能力判定と同じ問題がある。そうすると医学モデルを前提にした旧来の心神喪失という要件ではなく、行為環境の平等性を本質としたユニバーサルな要件にし、障害以外の理由による場合も含めて社会的排除や虐待などによって、行為環境の平等性が損なわれていた場合には刑事責任を問わない、あるいは、軽減する法制に転換することを検討する必要がある。

　以上の問題とは別に、刑事責任能力がないとされると、ほぼ自動的に触法精神障害者として無期限の強制入院の対象にされてしまうという各国の法制についても検討する必要がある。強制入院は精神障害のある人だけを標的にした不定期の自由剥奪という差別性を内包しており、その間、強制医療により自己決定権とインテグリティの保障が否定されるので、むしろ刑事責任能力を認めた方が差別や抑圧が少ないともいえる。日本でも心神喪失者等医療観察法による入院や精神保健福祉法の措置入院は刑事責任能力がないとされた触法精神障害者を収容する機能を担っている。精神障害のある人に対する刑事処分と強制医療を表裏一体とする制度の前提には、責任無能力は医学的に同定される精神障害という疾患あるいは機能障害に基づくものであり、その疾患（機能障害）が犯罪を思いとどまることができなかった原因だったのだから、それを治療によって改善させないとまた同じような犯罪をしてしまいかねないという医学モデルの思い込みがある。障害者権利条約はこうした医学モデルによる障害理解を社会モデルに転換すべきことを求めている。また、上記のような思い込みは犯罪の原因を個人の精神状態に還元して理解する医学モデル・個人モデルの犯罪論につながり、犯罪が個人的要因と社会的要因との複合的な相互関係の中で起こっていることを見失わせてしまう。能力の社会モデル化は責任無能力と強制医療の表裏一体関係を社会的ファクターによって切断し、個人に対する強制医療ではなく社会環境の改善を図る政策を要請することになる。そうすると責任無能力と表裏の関係にある強制医療を回避するために刑事責任能力を廃止する意味は失われることになる。（池原毅和）

第 7 章
インドにおける障害者と法的能力

浅野宜之

はじめに

　障害者の法的能力について検討するにあたり、いかなる観点からこれを行うかが問題となる。まず検討すべき障害の種別については、視覚、聴覚、あるいは肢体不自由を含む運動障害なのか、あるいは精神障害、知的障害なのか、対象を明らかにする必要がある。また、検討課題として挙げられるものには、契約などの後見の問題、強制入院・治療の問題、何らかの業務に就くに際しての欠格事由の問題などがある。

　上記の検討対象および課題のうち、本章では精神障害者の法的能力について、まず法令上の規定のあり方に焦点を当てる。そして、検討の方法としては関連する法令の変遷に焦点を当て、現行の法令の意義を明らかにする手段をとる。

　インドでは植民地統治期の 1858 年に精神異常法（The Lunacy, Act 1858）や 1912 年インド精神異常法（Indian Lunacy Act, 1912：以下 1912 年法と略）が制定され、その後独立を経て後に 1987 年に精神保健法（Mental Health Act, 1987：以下 1987 年法と略）が新たに制定された。そして、2007 年の国連の障害者権利条約（Convention on the Rights of Persons with Disabilities）批准を契機に国内法整備の必要にせまられ、その結果 2017 年に新たな精神保健法（Mental Healthcare Act, 2017：以下 2017 年法と略）が制

定されるに至った。本章ではまず障害者の法的能力に関連する法令について概観し、また障害者権利条約にかかわるインド政府の報告ならびに民間組織によるパラレルレポートについて関連する部分を紹介したうえで、とくに 1987 年法と 2017 年法との差異に焦点を当てつつ、現行の 2017 年法の特徴を明らかにする。同時に障害者の法的能力にかかわる 2016 年障害者の権利法（The Rights of Persons with Disabilities Act, 2016: 以下 2016 年障害者法と略）にも言及する。

第1節　インドにおける障害者の法的能力にかかわる法律

インドにおける障害者の権利にかかわる先行研究では、視覚、聴覚あるいは運動障害などの物理的障害とこれに対する法制度面での対応に焦点を当てたものが比較的多くみられる。たとえば Kothari（2012）では平等、障害の定義、教育、雇用、アクセシビリティ、民間セクターと障害、そして障害者権利条約とその影響が記述されているが、その中で明確に法的能力にかかわる章が置かれているわけではない。

このほか、障害者とジェンダーの問題に関連して、障害者の法的能力の問題を検討した Davar（2015）がある。女性障害者は男性障害者に比べて権利保障の面でより大きな差別に直面していることを、訴訟に至った事例などもあわせて紹介しているものである[1]。本書では、法的能力とは「権利能力および行為能力」であると示したうえで、その概念はイギリス統治期における法制度の移植によって設けられた法的無能力の規定が影響を及ぼしていることに言及する。本書は 2017 年法制定以前の出版であることからその記述には現行法制とは適合的でない部分もあるが、二重の障害を社会的に負わされている女性に焦点を当てた論述として有用である。

精神保健に関しては、国家人権委員会（National Human Rights Commission, NHRC）でも重要な課題の 1 つとして取り上げており、これに関する出版などもなされている。そのうちの 1 つが NHRC（2012）で、精

神保健施設における処遇問題に対するマニュアルである。浅野（2017）でも取り上げたように精神障害者の入所施設における劣悪な処遇がNGOの報告書で問題とされていたが、NHRCでも同様に深刻な人権侵害問題として取り上げたものとみられる。このほか、女性精神障害者の運動に関連してDavar（2013）は家父長制に対抗する女性運動の中での「精神障害」について記述している。

　精神保健にかかわる制度の歴史的展開についてはさまざまな検討がなされている[2]。浅野（2017）でも紹介したように、1987年法が改正され、2017年法の制定となった。現在のインドにおける障害者の法的能力に関する議論においては、新精神保健法の検討が不可欠なものとなっている。そこで現行法の検討に入る前に、まず障害者の法的能力に最も関係の深い法令の歴史的経緯について概観する。

1-1　独立までの法令の歴史的経緯

　インドにおいて精神障害者にかかわる包括的な法律が制定されたのはイギリスによる植民地統治期である。精神障害のあるインド人に対する法律として初めて制定されたものに1858年精神異常者収容所法（The Lunatic Asylums Act, 1858）や1858年精神異常法（The Lunacy Act, 1858）がある。これはそのタイトルからも明確なように、精神障害者を収容する施設に関する法律である。この法律が制定される以前から精神障害者に対する収容所は設立されていたが、バスー（Basu 2016, 480）によれば、マドラス、ボンベイなどの大都市における収容所はおおむねヨーロッパ人の収容に充てられており[3]、小規模な施設がインド人の収容にあたっていたのみであるという。なお、1850年代以降、インドにおいて精神障害者を対象とする立法が次々に制定されていた。1853年精神異常規制法（The Lunacy Regulation Act, 1853）、1853年精神異常処遇法（The Lunatic Care and Treatment Act, 1853）、そして1853年精神異常者収容所法（The Lunatic Asylums Ac, 1853）などである。イギリスが統治の主体となったこ

とを契機にそれらが新たな形で制定され、前述の 1858 年制定の二法など
につながったとされている。これらの法律は精神病者とされる者を収容す
る施設についての規制とともに、その入所に関する規定を設けたものとさ
れている（Basu 2016, 11）。

　その後制定されたのが 1912 年法[4] である。この法律について前述のバ
スーは「イギリス植民地統治期における精神異常者収容所に新たな展開を
見せたのみならず、精神異常の位置づけを劇的に変えたもの」と評してい
る（Basu 2016, 14）。具体的に、バスーは、警察の下にあった精神保健面で
の監督権限が施設内での精神病医の下に移管され、その結果西洋的教育を
受けたインド人医師による植民地統治下においては「模範的な」施設へ
と生まれ変わったと述べている。この法律の制定はインドにおける自治
権拡大を求める政治運動が活発化する中で、精神障害者向けの施設にお
ける劣悪な待遇に対して関心が高まったことが関連するともいわれている
（Narayan and Shikha 2013）。この 1912 年法が 20 世紀中の長きにわたって
精神保健に関して適用された重要な法令であるが、その内容はいかなるも
のであったのか、概要をみておきたい。

　1912 年法は全 101 条からなる法律で、その構成は第 1 章として略称や
定義についての規定が設けられた予備規定（preliminary）が置かれ、第 2
編は入所受入、入所命令、処遇についての編とされ、その中で第 2 章が入
所受入、第 3 章が処遇および治療についての規定が設けられている。第 3
編は司法による精神異常者の審理についての編であり、第 4 章は管区都市
における司法手続について、第 5 章は管区都市以外での司法手続について
定めている。最後に第 4 編は雑則として上記以外の諸事項についての規定
が設けられている。第 6 章は収容所の設立についての章で、第 7 章は費用
負担の問題についての章となっている。最後の第 8 章は州政府などによる
規則制定に関する規定が置かれた章である。

　1912 年法の中心ということのできる第 2 編および第 3 編について条文
をみると、まず第 2 章の入所受入については、第 4 条で「精神異常犯罪

者（criminal lunatics）または審理により精神異常者とされないかぎり、第8条、第16条および第98条に定める入所命令なく入所または拘束されない」と定め、収容所への入所に制限を設けている。入所命令発出の請求については第5条以下で規定しており、該当者の居住地を管轄する治安判事（magistrate）が複数の診断書に基づき当該業務を担当することが定められている。そして訴訟提起に基づく入所命令について、続いて裁判外での入所命令についての規定が置かれている。裁判外での入所命令は徘徊したり危険行為を行ったりする者、あるいは適切な処遇を受けていないと判断される者などに限定されており、例外的な措置であることがみてとれる。このほか第2章では刑務所から釈放された精神異常犯罪者の収容所への入所について規定している（第24条）ほか、第4章における審理については高等法院（High Court）による命令に基づき、また、第5章における審理については県裁判所（District Court）[5]による命令に基づき入所がなされることが定められている（第25条）。第3章では前述のとおり処遇についての条文が設けられており、まず検査官[6]による毎月の監査がなされること（第29条）、検査官により退所命令が出されることもある（第31条）ことなどが定められている。このほか、一時的退所（第33条）や他の収容所への移動（第35条）などについても規定されている。

　第4章は管区都市[7]における精神異常者の審理手続について規定が設けられている。本章では審理手続きのほか精神異常と宣告された者の財産について規定が置かれている。第46条では強制入所とその者の財産に関する命令を裁判所は発出することができること、第47条では裁判所の任命する管財人が有する権限について定めているほか、第49条では債務履行や扶養などの目的のために精神異常とされた者の財産の処分が認められうることが定められている。また、裁判所の命令の下で管財人は精神異常者の財産の譲渡などをなしうること（第50条）、裁判所は管財人に契約の履行を命令しうること（第51条）なども規定している。第5章は前述のとおり管区都市以外での手続きについて規定している章であるが、第4章との

大きな違いは管轄権を有する裁判所以外に、本章では管財人のほか後見人の任命についても規定している点が挙げられる（第74、75条など）。

　以上のように、1912年法は精神異常者の処遇について、とくに手続き的な側面について規定した法律であり、19世紀の立法から比べれば進歩した点があるといえども、年代から見ても精神障害者の法的権利や法的能力について保障するという側面はいまだほとんど見受けられない。それでは、この法律が基礎となり、独立を経て制定された1987年法の内容はいかなるものとなったのか、次節で概要を検討したい。

1-2　1987年精神保健法

1-2-1　1987年法の概要

　1987年法は同年5月22日に制定された法律で、その制定の目的は「精神障害者の財産および行為またはこれらに関連するもしくは付随的に関わる事項についてよりよく規定するために彼らの処遇に関連する法律を改正および統合する」[8]としている[9]。1987年法の制定にともない、1912年法は廃止された（第98条）。

　ここでは1987年法の構成を示しつつ1912年法との差異を明らかにしたい。第1章は1912年法と同様予備規定として、略称や定義などが規定されている。1912年法の対象として「重度の精神障害または心神喪失者」と定義されていた「lunatic」という用語が、1987年法の対象では「精神遅滞（mental retardation）を除き処遇の必要があるすべての精神障害（mental disorder）がある者」と定義づけられた「mentally ill person」となっている。

　第3章は精神保健機関（mental health authority）についての規定が設けられており、全国レベルの精神保健機関と各州の精神保健機関について、その権限などが規定されている。いずれも精神障害者収容施設などについて監督したり、精神保健サービスの実施調整などにあたったりすることが権限として定められている（第3条、第4条）。

続く第3章は精神病院および精神保健療養所に関する規定を置いている。1912年法でも収容所の設置に関する規定は設けられていたが、1987年法ではより詳細に規定が設けられている。第5条は連邦または州政府により各種施設が設置されうること、第6条では本法制定以降は許可なくして施設の設置運営はできなくなることを定めており、公営または民営の精神保健施設の設置運営が可能となっていること、ただし民営の場合、政府の許可が必要であることが明確にされている。許可の手続きについては第7条以下で規定している。

　第4章は精神保健施設への入所または強制入所に関する規定である。命令による入所に限らず、任意による入所に関しても規定が設けられている。たとえば第15条では、自らが精神障害者であると認める者で精神病院または精神保健療養所での治療を求めるときは、任意による患者として入所が認められる旨定められている。後見人による申立ての場合も同様である（第16条）。これに対し、医務官または配偶者などからの申請に基づき、治安判事が入所命令を発する方式についても手続きが詳細に定められている（第22～36条）。続く第5章には施設の検査および入所者の退所にかかわる規定が設けられている。1912年法の第3章に該当する部分であるが、自らの申出に基づく退所規定が設けられている点など、退所に至る手続きも1912年法との間に違いがみられる。

　第6章では後見人や管財人の選任、それらの有する権限、および精神障害者の財産の処分に関連する規定などが設けられている。これらの選任は基本的に県裁判所の管轄とされているが、場合によっては県長官により管財人が選任されることもある。これらのなすべき職務はおおむね1912年法で定められていたものと同じということができるが、後述する2017年精神保健法の規定との比較のために、以下でその規定を概観しておきたい。

1-2-2　後見人および管財人にかかわる規定
1987年法第6章は「財産を所有する精神障害者の自らの監護および財

産の管理に関わる司法の審理」というタイトルになっている。第50条から第77条までの28カ条にわたる章であり、まず第52条で後見人および管財人の任命について規定している。

第52条（精神障害者の後見人および管財人の任命に関わる規定）
(1) 県裁判所は、精神障害者が実際に精神に障害があり、自らを監護することおよび財産の管理をすることが不可能であると判断したとき、第53条に基づく監護のための後見人または第54条に基づく財産管理のための管財人を任命するための命令を発する。
(2) 県裁判所は、精神障害者が実際に精神に障害があり、自らを監護することは可能であるが財産の管理をすることが不可能であると判断したとき、第54条に基づく管財人を任命する命令を発する。
(3) 県裁判所は、当該精神障害者の精神に障害がないと判断したとき、申立てを却下しなければならない。
(4) 県裁判所が適切であると判断したとき、後見人と管財人を同一の者が兼ねることができる。

　このほか、第53条では県裁判所のみならず県長官が精神障害者に対して後見人を任命しうる場合があることを規定しており、第57条では県裁判所などが本人の利益になると判断しない限り、法定相続人または精神障害者は後見人に任命されない旨を定めている（1項）。また、第58条は後見人の責務は「精神障害者の監護をし、この障害者に生活を依拠する家族の扶養」としている（1項）。
　これら以外の規定はほとんど財産の管理に携わる管財人に関する規定となっている点が注目される。いわば、精神障害者を代理して財産管理を行う点に重点が置かれているとみることができ、この点で1912年法の規定につながるものがあるといえよう。

1-2-3　精神障害者の人権に直接かかわる規定

　障害者の人権保障に関連しては、第8章にある第81条がこれを条文タイトルに明示している。すなわち、第81条（精神障害者が人権侵害されることなく処遇されること）として、いかなる精神障害者も（物理的もしくは精神的に）尊厳を傷つけるまたは残虐な治療（indignity〔whether physical or mental〕or cruelty）の対象とはならないこと（1項）、治療を受けている精神障害者は、当該研究がその者の診断または治療に直接利益を提供するものであるとき（a号）やその者が任意の患者でありその書面による合意があるときまたはその者が（任意の患者であれもしくはそうでない者であれ）未成年もしくはその他の理由で無能力の場合、後見人もしくはその他代理して合意をなす能力がある者が、当該研究について書面で合意しているとき（b号）を除いて研究の対象とはされないこと（2項）、などが規定されている。

　このように「人権保障」と明示されているとはいえ、条文内に示された範囲は必ずしも広くはない。しかし、精神障害者の人権保障という概念が明確には示されていなかった1912年法の規定とは大きな違いがある。このほか、不適切な施設設置に対する罰則規定の設置（第82条）や、特定の事例における州政府による法律扶助規定（第91条）など、1912年法にはみられなかった規定が設けられている。しかし、前述のような違いがみられるとはいえ、1987年法は基本的に精神障害者の施設への入所に関する手続きおよび精神障害者の有する財産の処分等にかかわる規定が主であるということができ、その点では1912年法と通底するものがみられる。また、残虐な処遇については禁止されているとはいえ、処遇を受ける側である精神障害者の法的能力またはその意思について言及しているわけではないことも留意が必要である。以上のように1987年法が変化することを求められたのは、障害者権利条約を2007年に批准したことによる。次節では、障害者権利条約批准に基づく国内法の整備について、2016年障害者法にも焦点を当てながら検討したい。

第2節　障害者権利条約批准に基づく国内法の変容

2-1　政府報告およびパラレルレポート

　障害者権利条約において、本章の記述と最も関係する条文が第12条である。これは、「締約国は、障害者がすべての場所において法律の前に人として認められる権利を有すること」「障害者が生活のあらゆる側面において他の者と平等に法的能力を享有すること」などを認め、「障害者がその法的能力の行使に当たって必要とする支援を利用することができるようにするための適当な措置をとる」ことなどを求めたものである（池原 2010, 187）。

　同条約を批准した各国政府は第35条に基づき政府報告を提出しなければならず、インドの場合2015年6月16日付けで報告を提出している。第12条にかかわる部分について、政府報告では次のような記述がなされている（GOI 2015, 27-28）。

　法の前の平等な扱いについては、インド憲法第14条において、国は障害者を含むすべての者に対し、インド領内での法の前の平等および法の平等な保護を定めていることから、インドの法は障害者を権利主体であり、法の前において人であることを認めているとしている。そして、インド憲法はまた障害者の法的能力について決定するに当たり適用される合理的区別を認めている（para. 97。以下カッコ内はパラグラフ番号）。

　法的能力にかかわる立法については、インドは障害者の後見またはこれに対する代理による決定について2つの立法がなされているとしている。その1つが前述の1987年法であり、もう1つが1999年自閉症、脳性まひ、精神遅滞および重複障害者の福祉のためのトラスト法（以下1999年法と略）であって、1987年法によれば、精神障害者に対して後見人および財産の管財人を選任することが認められていると記述している（para. 98）。また、後見人の選任に関して1999年法はより柔軟な制度を設けていると

して、知的、発達または重複障害がある個人が後見人を必要としているか否か、また、当該後見人がその障害者についてすべての場面において代理を必要としているか、あるいは障害者が支援を必要としている目的のためのみに選任されるかを、選任する機関に対し考慮するよう求めているとしている。そして、後見人の選任は県治安判事、登録された障害者団体の代表および障害者から構成される地域レベルの委員会によりなされるとしている（para. 99）。

そして、インド法は特定の事項についての規定も設けているとして、民事訴訟法典規則 15 の命令番号 32 は障害者が心神喪失または精神障害により訴訟に出廷できない場合の後見人の選任について規定していると述べている（para. 100）。

銀行のローンや金融へのアクセスについて、障害者、とくに視覚障害者はインド準備銀行の通達においてすべての銀行施設、ATM 設備、ネット銀行設備、金庫設備、小口ローン、クレジットカードなどは視覚障害者に対して、いかなる差別もなく提供されなければならない旨述べられているとしている（para. 101）。

市民社会側からのパラレルレポートは National Disability Network ［全国障害ネットワーク］および National Committee on the Rights of Persons with Disabilities ［全国障害者権利委員会］により作成され、2017 年 3 月 31日に提出されたものである。すでに前述の 2016 年法が制定されているため、その中で 2016 年法についても言及されている。この中で障害者権利条約第 12 条に関して、まず 2016 年法では障害者はすべての生活場面において対等な法的能力を享有することが定められていることを述べたうえで、同法では障害者も財産を所有または相続する権利、金融面の管理や銀行ローンへのアクセスについて同等に享有することなども定めている。また、限定的後見についても規定しているが、障害者運動の側からはこの規定が法的能力に関する規定と抵触しており、支援を提供する者による権限の濫用を防止するために必要な手段を定めていないと批判があるとしてい

る。しかし、知的障害者の保護者は後見人規定の存続を支持しているとも している (para. 43)。

　そのうえで、障害者権利条約第 12 条に関連して、2016 年法における法 的能力に関連する規定には不明瞭な点があり、また、後見人の役割との間 で抵触があるとしている。したがって、この事項について障害者の側で合 意をなすため、諸々のステークホルダーの間でいっそうの議論、この問題 について経験ある障害者のさらなる関与、この事項についてさらに焦点を 当てるため適切な研究の進展がなされるべきとし、障害者権利条約で言 及されている適切な保護手段を取り入れることも提言している (para. 44) (NDN and NCRPD 2017, 15-16)。

　以上のように政府報告およびパラレルレポートで取り上げられている事 項は実際にいかなるかたちで法制度化されているのだろうか。続いてその 規定内容について概観する。

2-2　国内法制度整備

　本章では主に精神障害者に直接かかわる精神保健法に焦点を当てている が、障害者権利条約の批准にともない障害者にかかわる包括的な法律につ いても整備がなされている。その 1 つが、2016 年障害者法[10]である。本 法の制定以前、インドでは 1995 年に障害者法が制定されていたが、障害 者権利条約の批准の結果大規模な改正がなされたものが 2016 年法である。 その内容については浅野（2018）などで紹介されているが、本稿で取り上 げる問題に直接つながる条文が、法的能力について規定した第 13 条そし て後見人の選任にかかわる第 14 条である。その内容は下記のとおりであ る。

第 13 条（法的能力）

(1) 関連する政府（appropriate government）は、障害者の他の者と同 　　　等な、動産もしくは不動産を所有または相続し、自らの金融活動を

管理し、および銀行ローン、抵当およびその他の形態の金融的信用にアクセスする権利を保障しなければならない。

(2) 関連する政府は、障害者がその他の者と同等に、生活のすべての場面において法的能力を行使することおよびその他の者と同等に法の前において平等に認識される権利を保障しなければならない。

(3) 支援を提供する者と障害者との間に特定の金融面、財産面またはその他の経済的取引にかかわる利益相反があるとき、支援の提供者は当該取引について支援の提供を取りやめなければならない。

　　ただし、支援者が障害者と血族、姻族または養親子関係にあるという理由のみで利益相反の存在を推定してはならない。

(4) 障害者は支援内容を変更、修正もしくは取消すことができ、または他の支援を求めることができる。

　　ただし、当該変更、修正もしくは取消は事実上見込まれるものでなければならず、障害者により第三者による当該手配にかかわる取引を無効にしてはならない。

(5) 障害者に対するいかなる支援提供者も、不適切な影響力を行使してはならず、その自立、尊厳およびプライバシーを尊重しなければならない。

第14条（後見人）

(1) 効力を有するその他の法律の規定にかかわらず、本法の施行の日から、県裁判所またはその他の権限ある機関は、州政府の通知により、適用および適切な支援を受けている障害者が法的拘束力ある決定を行えないとき、その者との協議のうえでこれを代理して州政府の定める手続きに基づき、法的拘束力ある決定をなしうる限定的後見人により、さらなる支援を提供することができる。

　　ただし、県裁判所またはその他の権限ある機関は、場合により、完全な支援を要請する障害者にこれを提供することができ、または

限定的後見が認められているとき提供されている支援について、場合に応じて県裁判所またはその他の権限ある機関は、提供されるべき支援の内容および手続について決定することができる。

(2) 本法施行の日から、効力を有するその他の法律に基づき障害者に対して選任されたすべての後見人は、限定的後見人として活動するものとみなされる。

(3) 法定後見人を選任した権限ある機関の決定により権利の侵害を受けた障害者は、州政府が当該目的のために指定した異議申立機関に異議申立てを行うことができる。

　以上の2カ条が政府報告およびパラレルレポートで言及されていた条文である。後見人の役割と法的能力を認められた障害者との権限の抵触をどのように調整するかが問題として残っている。それでは法的能力がもっとも問題となる精神障害者の場合はいかなる法制化がなされているのか、次節で概要をみたい。

2-3　2017年精神保健法

2-3-1　2017年精神保健法の特徴

　2017年法の条文タイトルについては表1に示したとおりである[11]。1987年法に比べて条文数は30カ条近く増えて全126カ条となり、また、規定内容も変わっている。これは、障害者権利条約の批准にともなって精神保健法を改正する必要があったことによるもので、とくに精神障害者の位置づけおよびその権利にかかわる実体的な規定において1987年法との違いがみられる。その具体的な条項の例としては、まず第3条および第4条が挙げられる。

　「精神障害の決定」と題された第3条では、まず精神障害は（世界保健機関の最新の疾病の国際的分類を含む）連邦政府が指定した国内的または国際的に認められた医学的基準に従い、決定されなければならないこと（1

項）が定められ、いかなる人または機関も、精神障害の治療または本法もしくは効力を有する他の法律の下でのその他の事項に直接的に関わる目的以外に、精神障害者として分類してはならないこと（2項）が規定されている。さらに、3項では決定に際して注意しなければならない事項として、政治的、経済的もしくは社会的地位または文化的、民族的もしくは宗教的団体のメンバーであること、またはその人の精神保健の状態と直接関係しないその他の理由（a号）や、その人の属するコミュニティーにおいて支配的な道徳的、社会的、文化的、労働もしくは政治的価値または宗教的信条と適合的でないこと（b号）に基づくべきではないことが規定されている。そして、治療または精神保健施設への入院の経歴で、たとえ関連があるとしても、これのみで現在またはこれ以降の精神障害の決定を正当化してはならないこと（4項）、および、精神障害の決定のみで管轄する裁判所の宣言がないかぎり、精神異常であるとし、またはそのように扱ってはならないこと（5項）も定めている。

　このように精神障害の決定に際して当事者の人権や社会的環境に配慮すべきであることを規定したうえで、第4条では「精神保健ケアおよび治療の決定能力」について、1項では精神障害者を含む何人も、治療、入所または個別支援の決定に関する情報を理解できること（a号）、治療、入所または個別支援の決定の有無について理性的な予見可能性を認識すること（b号）、a号に基づく決定について、発話、表現、身振りまたはその他の方法でコミュニケーションをとることができること（c号）のいずれかを満たす能力を有するかぎり、自らの精神保健ケアまたは治療にかかわる決定をなす能力を有するものとみなすとしている。そして、1項にいう情報については、該当者が理解する簡易な言語または手話、視覚支援もしくは該当者が情報を理解しうるその他の手段で伝達されなければならないこと（2項）を規定したうえで、自らの精神保健ケアまたは治療について決定した事項について、他者がこれを不適当または誤りと認識したとしても、これのみによって精神保健ケアまたは治療について決定する能力がないも

のとみなしてはならず、1項にいう自らの精神保健ケアまたは治療にかかわる決定をなす能力を有するものとする（3項）としている。

　上記のように、まず精神障害のケアについて自ら決定する能力の有無について規定し、精神障害者の自己決定を重視している点で、1987年法と大きな差異がみられる。また、2017年法ではその第4章で指定代理人（Nominated Representative）について規定している。これもケアについての決定と関連するものであり、また後見人と異なるものとなっている。続いてその内容について概観したい。

2-3-2　指定代理人および後見人
　まず、2017年法第14条では精神障害者による指定代理人の任命について規定しており、指定代理人の特徴が表れている条項の1つである。前節に記述した2016年法第14条（後見人規定）との比較のため、その条文の一部を次に記載する。

　第14条
(1) 第5条1項（c）号の規定にかかわらず、未成年ではないすべての者は指定代理人を任命する権利を有する。
(2) 第1項に基づく任命においては、同項で該当する事項について普通紙に記載のうえ署名または拇印の押捺を付したものによりなされる。
(3) 指定代理人に任命される者は未成年ではなく、本法で定める責務を履行し事務を遂行する能力を有しなければならず、精神保健従事者に対し本法で定める責務を履行し事務を遂行することの同意を書面で提出しなければならない。
(4) 第1項に定める指定代理人が不在のとき、以下に定める者を記載の順位の通りに精神障害者の指定代理人としてみなすこととする
(a) 第5条1項（c）号に基づく事前指示書において指定代理人として指名された者

(b) 指定代理人として適格でない、または任命を受ける希望のない親族

(c) 指定代理人として適格でない、または任命を受ける希望のない監護者

(d) 関連する協議会により適格として任命された者

(e) 指定代理人として任命することに適切な者が不在の場合、精神保健審査会は社会福祉局長またはこれが指定する代理人を精神障害者の指定代理人とする。

　　ただし1860年協会登録法またはその他効力を有する法律に基づき登録されている団体の代表で、精神障害者のための業務に就く者は、関連する審査会により指定代理人の任命が延期されている者に対して指定代理人としての責務を負うことができる。

（中略）

(8) 指定代理人の任命または精神障害者の指定代理人の任命不能は、その精神障害者のケアまたは治療に際しての意思決定能力の欠如とみなしてはならない。

(9) すべての精神障害者は精神保健ケアまたは治療についての決定能力を有するとし、その決定に際して指定代理人の多様なレベルでの支援を受けることができるものとする。

　このように、原則としては精神障害者自身により指定代理人を任命すること、精神保健ケアや治療に際してもその決定は基本的にケアや治療を受ける本人がなすものであり、指定代理人はその決定の支援を行うものであることが明示されている。また、指定代理人の任命が不能だとしても、ケアや治療についての意思決定能力がないものとはみなさないという点も、精神障害者の法的能力を尊重したものということができる。

　そして、第15条では未成年者に対しての指定代理人について規定されており、原則として法定後見人がこれに当たることが示されている。また、第16条では第14条4項e号などに基づいて任命された指定代理人の取消

し、変更などについて規定している。

　指定代理人の責務について規定しているのが第17条である。この規定では法律の定める責務として12項目の事項が列挙されており、ここから指定代理人の性格がよみとれる。すなわち、精神障害者の過去および現在の希望、生活史、価値観、文化的背景および最善の利益を考慮すること（a号）、考慮に基づく決定の特質を理解している範囲で精神障害者の視点を信用すること（b号）、精神障害者が第89条および第90条に基づく治療に関する決定を行うにあたって支援すること（c号）、精神障害者に適切な支援を行うため診断および治療に関する情報を請求する権利を保持すること（d号）、精神障害者を代理しおよびその利益のための、第18条4項c号に定める家族または家庭リハビリテーションサービスへのアクセスを保持すること（e号）、第98条に基づく退所計画に参加すること（f号）、第87条、第89条または第90条に基づく精神保健施設への入所について申請すること（g号）、精神障害者を代理しての第87条、第89条または第90条に基づく関連する審査会への退所申請をなすこと（h号）、精神保健施設における精神障害者に対する権利侵害にかかわる関連する審査会への申立てを行うこと（i号）、第87条5項または6項に基づき適切な付添人を任命すること（j号）、そして第99条に基づく調査に対する同意または保留権限を保持すること（k号）の11項目である。

　上述の責務にあるもので、第87条は未成年者の精神保健施設への入所にかかわる規定、第89条は高度な支援を必要とする精神障害者の30日間までの精神保健施設への入所にかかわる規定、第90条は前条と同様で30日間を超える入所にかかわる規定である。これらの規定において入所申請、治療に際しての合意などが指定代理人のなすべき責務となっている。こうした規定からも、精神保健法に定める指定代理人は後見人とは異なり、その責務が限定的であることがわかる。この点で、1987年法で規定されていた、広い範囲で権限を有する後見人とは異なった位置づけが置かれていることが明らかである。

これに対して、2017年法では後見人にかかわる規定はほとんどみられず、わずかに未成年者に対して法定後見人が事前指示書の作成について権限を有すること（第11条4項）、未成年に対する電気治療に際して後見人の同意が求められること（第95条2項）などにみられる程度である。

　このような1987年法との規定の違いは、1995年に障害者法が制定され、さらにその改正のうえで2016年に障害者の権利法が制定されたことが理由として考えられるが、この点については今後の検討課題とする。

2-3-3　精神障害者の権利にかかわる規定

　精神障害者の人権に直接かかわる規定が1987年法に比べて拡充されていることも、2017年法の特徴ということができる。

　たとえば第18条では、「精神保健ケアへのアクセスの権利」として以下のような条文を設けている。この条文で注目すべき点は、ケアにアクセスする権利を保障するのみでなく、そのサービスは差別なく提供され、かつ精神障害者自身にも受容可能な方法で提供されなければならないとしている点である。すなわち、何人も関連する政府が運営しまたは資金援助する精神保健ケアまたは治療にアクセスする権利を有すること（1項）、および、精神保健ケアおよび治療にアクセスする権利とは、支払い可能な費用、高い質、十分な量、地理的なアクセス可能性、ならびに、ジェンダー、性別、性的指向、宗教、文化、カースト、社会的もしくは政治的信条、階層またはその他の理由による差別なく、精神障害者、その家族および介護者が受容可能な方法により提供される精神保健サービスを意味する（2項）と規定されている。

　また、1987年法において障害者の人権保障に関する規定として設けられていた第81条の内容に対応する2017年法上の規定は、まず第20条の残虐、非人間的および名誉を棄損する扱いから保護される権利と、第99条の研究に関する規定が挙げられる。特筆すべきは第20条で、まず1項で「すべての精神障害者は尊厳をもって生活する権利を有する。」とした

うえで、2項において「すべての精神障害者はすべての精神保健施設において残虐、非人間的または名誉を棄損する扱いから保護され、以下に掲げる権利を享有する」として、安全で衛生的な環境で生活すること（a号）、適切な衛生的条件を得ること（b号）、余暇、レクリエーション、教育および宗教活動のための適切な施設を得ること（c号）、プライバシー（d号）、尊厳を維持することができるよう身体の露出から保護しうる適当な服装（e号）精神保健施設で労役を強制されず、労役に対しては適当な報酬を受けること（f号）などが挙げられている。

　このように、1987年法における権利保障規定に比べてより詳細な規定が設けられている。また、精神障害者の調査研究に関する自己決定に関係する1987年法第81条2項に対応する規定である2017年法第99条では、研究を実施する専門職は、インタビューまたは心理的、身体的、化学的もしくは医学的介入を含む研究に参加するすべての精神障害者から任意のインフォームド・コンセントを得なければならないこと（1項）、心理的、身体的、化学的もしくは医学的介入を含む研究が、任意のインフォームド・コンセントを与えることが不可能であるが、その研究への参加を拒絶していない者に対して実施される場合は、関連する州政府から当該研究実施の許可を得なければならないこと（2項）、本法に基づく研究に対する参加にインフォームド・コンセントを与えた精神障害者または指定代理人は、研究実施期間内においていつでも同意を取消すことができること（5項）などが定められている。1987年法の規定と比較するかぎりこの条文からも、精神障害者の権利の保障という観点が立法化に際して生かされていることがうかがわれる。

　上述のほかに障害者権利条約の規定に対応して2017年法において設けられた条項として、障害者権利条約第25条（健康）に対応する同法第18条（精神保健ケアへのアクセスの権利）、障害者権利条約第5条に対応する同法第21条（平等および非差別の権利）などが例として挙げられる。また、同法第22条の一部は障害者権利条約第9条（施設およびサービス等の利

用の容易さ）に関連するものであり、同法第 23 条（秘密保護の権利）および第 24 条（精神障害に関わる情報開示の制限）は、障害者権利条約第 22 条にかかわるものということができる。さらに、同法第 27 条（法的扶助の権利）は、障害者権利条約第 13 条に対応したものとなっている。これらの規定は直接的に障害者の法的能力について規定したものではないものの、障害者権利条約に盛り込まれた個人の尊重という理念がこれらの規定の背景に存在し、障害者の法的能力を認める政策とつながっているということができる。

おわりに

　本章では、インドにおける障害者、とくに精神障害者の法的能力にかかわる立法の歴史的経緯を概観した。これにより、2017 年法制定までのインドにおける精神障害者が主として「精神保健施設への収容または入所」の客体として扱われ、法的能力を有する個人とされる側面が法文上はほとんどみられなかったことが明らかとなった。これに対し、2007 年の障害者権利条約批准にともない、その状況が大きく変わり、障害者の権利保障および法的能力の承認という視点が国内法整備にも生かされていることが2016 年法および 2017 年法の概観からうかがわれた。そのことは、2017 年法の自己決定や指定代理人にかかわる規定からもみることができる。

　本章は精神障害者にかかわる立法の変遷に焦点を当てたが、諸々の法令における欠格事由のあり方や強制入院など具体的に検討されるべき事項がいまだ多く存在している。このうち性的暴力の被害を受け妊娠した女性障害者のリプロダクティブ・ライツについては、浅野（2017）において詳述したとおりで、裁判所は家長的判断から被害女性に対しての中絶措置を行うのではなく、本人の意思を尊重する方向で判示している。法令の整備が進むインドにおいて、障害者の法的能力について実情はいかなる変化をみせるのか、判例の動向もふまえつつ今後注視すべき課題といえる。

〔注〕
1　脱稿後、ハンズ編（2020）の刊行に接した。本書は Hans（2015）の邦訳であり、その第9章は Davar（2015）の和訳である。2016年障害者法および2017年法の制定以前の状況を記したものであるが、本文記載のとおりインドにおける女性障害者の法的能力に関する論考として貴重なものである。
2　その1つに、Choudhary and Shikha（2013）がある。
3　エルンストによれば、植民地期のヨーロッパ人コミュニティにおいて精神障害者は社会の安全のために除去されるべきものとされていたという（Ernest 1987, 103）。
4　Act No. IV of 1912.
5　県裁判所（District Court）は原則として民事訴訟にかかわる第一審裁判所である。
6　州政府により各施設につき3名以上が任命される。このうち最低1名は医務官でなければならない（第28条）。医務官は政府に在籍する公示された医務官または州政府により医務官として指定された医療従事者とされる（第3条7号）。
7　フォート・ウィリアム（カルカッタ）、マドラス、ボンベイの各高等法院が管轄権を有する（第37条）。
8　The Gazette of India, Extraordinary, Part II Section I, 22 May 1987.（No. 14 of 1987）
9　憲法第7附則第3表（競合管轄事項）に基づき、連邦政府、州政府ともに「精神障害および精神遅滞、精神障害および精神遅滞のものを収容または治療する場を含む」事項について立法管轄権を有すると定めている。
10　2016年障害者法の適用対象となる障害種別は広範囲にわたるが、このうち本章で取り上げる精神障害も対象に含まれている。なお、同法附則3号では精神障害の定義について、「思考、感情、認知、志向または記憶の相当な障害で、判断、行動、現実認識能力または日常生活の要請への対応能力に大きな障害があることをいう。しかし精神的発達が停止または不完全な状態にあり、とくに知性の亜正常性（subnormality of intelligence）に特徴づけられる精神遅滞は含まない。」としている。
11　1987年法との条文タイトルの比較について、浅野（2019）を参照されたい。

〔参考文献〕
〈日本語文献〉
浅野宜之 2019「資料：インド障害法の変容」（仮題）『関西大学人権問題研究室紀要』第77号，関西大学人権問題研究室
―――― 2018「インド2016年障害者の権利法」『関西大学法学論集』第67巻第5・6号，関西大学法学会，201-247
―――― 2017「インドにおける女性障害者の現状――法制度からの検討」小林昌之（編）『アジア諸国の女性障害者と複合差別――人権確立の観点から』研究双書 No.629，日本貿易振興機構アジア経済研究所，211-242
―――― 2010「インドにおける障害者チーフ・コミッショナー事務所が処理した不服申立て等の事例について」『大阪大谷大学紀要』第44号，184-200

池原毅和 2010「法的能力」松井亮輔・川島 聡（編）『概説障害者権利条約』法律文化社，183-199

上山 泰 2018「法的能力」長瀬 修・川島 聡（編）『障害者権利条約の実施——批准後の日本の課題』信山社，195-217

ハンズ、アーシャ（編）古田弘子（監訳）2020『インドの女性と障害——女性学と障害学が支える変革に向けた展望』明石書店

〈英語文献〉

Davar, Bhargavi, 2013 From Mental Illness to Disability: Choices for Women Users/ Survivors of Psychiatry in Self and Identity Constructions、Renu Addlakha（ed.）*Disability Studies in India: Global Discourses, Local Realities,* Routledge, New Delhi, pp. 333-362.

———— 2015 Legal Capacity and Civil Political Rights for Persons with Psychological Disabilities、in Asha Hans（ed.）*Disability, Gender, and Trajectories of Power,* Sage Publications, New Delhi, pp.238 -259.

Ernst, Waltraud, 1987 The Rise of the European Lunatic Asylum in Colonial India（1750-1858）*Bulletin of the Indian Institute of History of Medicine,* Vol. XVII, pp. 94-107.

Government of India, 2015 *First Country Report on the Status of Disability in India,* Ministry of Social Justice and Empowerment

Hans, Asha（ed.）2015 *Disability, Gender, and Trajectories of Power,* Sage Publications, New Delhi.

Kothari, Jayna, 2012 *The Future of Disability Law in India,* Oxford University Press, New Delhi.

National Disability Network and National Committee on the Rights of the Persons with Disabilities, 2017 *Parallel Report of India on the Convention on the Rights of Persons with Disabilities,*

Narayan, Choudhary Laxmi and Deep Shikha, 2013 "Indian legal system and mental health," in *Indian Journal of Psychiatry,* 55（Supp.2）, S177–S181, at https://www.ncbi.nlm.nih.gov/pmc/articles/PMC3705679/（2019 年 2 月 18 日アクセス）

NHRC, 2012 *Care and Treatment in Mental Health Institutions – Some Glimpses in Recent Period,* National Human Rights Commission, New Delhi.

表1　2017年法の条項ごとのタイトル

	第1章　予備規定
1	略称、適用範囲及び施行
2	定義
	第2章　精神病の診断並びに精神保健及び診療の決定権限
3	精神障害の診断
4	精神保健ケア及び診療の決定権限
	第3章　事前指示
5	事前指示
6	事前指示手続
7	オンライン登録の管理
8	事前指示の取消、改訂及び解除
9	緊急治療における事前指示の不適用
10	事前指示遵守義務
11	事前指示再検討、変更、修正又は取消権限
12	事前指示の見直し
13	事前指示に係る医療保健従事者の責任
	第4章　指名代理人
14	指名代理人の任命及び取消
15	未成年の指名代理人
16	協議会による指名代理人の取消、変更等
17	指名代理人の責務
	第5章　精神病者の権利
18	精神保健ケアへのアクセスの権利
19	地域生活の権利
20	残虐、非人間的及び名誉を棄損する扱いから保護される権利
21	平等および非差別の権利
22	情報への権利
23	秘密保持への権利
24	精神障害に関する情報の公開の制限
25	医療記録へのアクセスの権利
26	個人的接触及びコミュニケーションの権利
27	法律扶助への権利
28	サービス給付の不備に対する不服申立ての権利
	第6章　関連する政府の責務
29	精神保健及び予防プログラムの推進
30	精神保健及び精神病に対する意識の創出並びに精神病に伴うスティグマの減少
31	人材育成及び研修に対する関連する政府による手段の実施
32	関連する政府機関間の調整
	第7章　中央精神保健機関
33	中央機関の設置
34	中央機関の構成
35	長及び委員の任期、給与及び報酬
36	辞任
37	空席の補充
38	空席等による中央機関における手続きへの無関係
39	特定の会合に係る会合への委員の不参加
40	中央機関の官吏及びその他の雇人

（出所）著者作成

索　引

最高—— 32, 77, 110, 112, 114-116, 118-120

支援付き意思決定　12, 14, 17, 20, 24, 26-28, 33, 69, 89-91, 99, 103, 127, 137, 169, 170, 171, 180, 186, 187, 188, 191-193, 195, 197-200

——制度　16, 20, 21, 25, 27-29, 34, 98, 131, 135, 150, 165, 166, 169-173

視覚障害　111, 146

——者　175, 178, 183, 216

自己決定　13, 14, 24, 25, 30, 33, 59, 68, 69, 87, 88, 91, 92, 111, 116, 136, 171, 195, 221, 225, 226

肢体不自由　146, 197, 206

——者　111

指定代理人　26, 33, 221, 222, 223, 225, 226

社会モデル　29, 35, 40, 61, 62, 64, 176, 205

手話　220

——通訳　166, 176

準禁治産者　22, 24, 40, 63, 72, 151, 152, 154-156, 159-162, 164, 174

準禁治産制度　12, 67, 72

消費者法　29, 35, 41, 48, 49, 50, 53, 60, 62, 63, 69

心神喪失　40, 42, 122, 196, 205, 216, 232

——者　22, 24, 151, 153, 154, 161, 174, 211

制限能力者　73, 94

　民事行為——　103-105, 107-109, 111, 113

精神衛生法　21, 22, 44, 63, 102-104, 106, 112, 113, 119, 124, 125, 133, 138

精神障害　24, 40, 42, 45, 47, 56, 57, 59-61, 70, 90, 111, 118, 136, 141, 146, 166, 182, 184-186, 189, 190, 193-198, 205, 206, 208, 211, 216, 219-221, 226, 227, 229, 231

——者　3, 14, 23, 24, 26, 32, 33, 34, 36, 44, 45, 47, 67, 71, 76, 78, 79, 82, 83-87, 92, 93, 96, 102, 104, 110, 113, 133, 174, 180, 182, 184-187, 189-191, 193-195, 197-199, 202, 206, 208, 209, 211-215, 217, 219-227, 231

精神病院　82, 84, 112, 113, 197, 202, 212

精神病者　44, 100, 101, 103-106, 110, 113, 118, 124, 133, 202, 209

精神保健法　21, 33, 45, 73, 77-79, 82, 86, 87, 125, 140, 141, 189, 191, 197, 198, 199, 206, 208, 211, 212, 217, 219, 223

政府報告　17, 26, 31-33, 69, 85, 86, 91, 98, 100, 101, 116, 117, 128, 147, 181, 183, 187, 188, 215, 217, 219

選好　15, 17, 19, 20, 27, 28, 47, 69, 88, 99, 104, 134, 187, 192, 198

総括所見　17, 26-28, 30, 70, 71, 80, 85-87, 89,

執筆者一覧

小林昌之（こばやし　まさゆき）

日本貿易振興機構アジア経済研究所・主任調査研究員。専門は、中国法、障害法。主な著作に、『アジア諸国の女性障害者と複合差別』アジア経済研究所（編著・2017年）、『アジアの障害者のアクセシビリティ法制』アジア経済研究所（編著・2019年）[序章・第3章]

池原毅和（いけはら　よしかず）

東京アドヴォカシー法律事務所・所長。日本障害法学会・代表理事。主な著作に、『精神障害法』三省堂（著・2011年）、『日本の障害差別禁止法制——条約から条例まで』信山社（著・2020年）、『障害者をめぐる法律相談ハンドブック』新日本法規（編著・2020年）[第1章・コラム③]

崔 栄繁（さい　たかのり）

DPI日本会議・議長補佐。関西大学・客員教授。主な著作に、『障害者権利条約の実施——批准後の日本の課題』信山社（共著・2018年）、『アジアの障害者のアクセシビリティ法制』アジア経済研究所（共著・2019年）[第2章]

長瀬 修（ながせ　おさむ）

立命館大学生存学研究所・教授。インクルージョンインターナショナル・事務総長。専門は、障害学。主な著作に、『障害者権利条約の実施——批准後の日本の課題』信山社（共編著・2018年）、『わかりやすい障害者権利条約』伏流社（編著・2019年）[第4章・コラム②]

西澤希久男（にしざわ　きくお）
　関西大学政策創造学部・教授。専門は、タイ法、比較法。主な著作に、『バンコク土地所有史序説』日本評論社（共著・2003 年）、『アジアの障害者のアクセシビリティ法制』アジア経済研究所（共著・2019 年）［第 5 章］

森 壮也（もり　そうや）
　日本貿易振興機構アジア経済研究所・主任調査研究員。専門は、開発経済学、障害と開発。主な著作に、『障害と開発の実証分析』勁草書房（共編著・2013 年、国際開発研究 大来賞）『途上国の障害女性・障害児の貧困削減』アジア経済研究所（編著・2018 年）［第 6 章］

浅野宜之（あさの　のりゆき）
　関西大学政策創造学部・教授。専門は、比較憲法、インド法。主な著作に、『アジア諸国の女性障害者と複合差別』アジア経済研究所（共著・2017 年）、『インドの憲法〔新版〕――「国民国家」の困難性と可能性』関西大学出版部（共著・2018 年）［第 7 章］

宮下修一（みやした　しゅういち）
　中央大学大学院法務研究科・教授。専門は、民法、消費者法。主な著作に、『消費者保護と私法理論：商品先物取引とフランチャイズ契約を素材として』信山社（著・2006 年）、『ケースで学ぶ　認知症ケアの倫理と法』南山堂（共編著・2017 年）』［コラム①］

本書のテキストデータを提供いたします

　本書をご購入いただいた方のうち、視覚障害、肢体不自由などの理由で書字へのアクセスが困難な方に本書のテキストデータを提供いたします。希望される方は、以下の方法にしたがってお申し込みください。

◎データの提供形式＝CD-R、フロッピーディスク、メールによるファイル添付（メールアドレスをお知らせください）。

◎データの提供形式・お名前・ご住所を明記した用紙、返信用封筒、下の引換券（コピー不可）および200円切手（メールによるファイル添付をご希望の場合不要）を同封のうえ弊社までお送りください。

●本書内容の複製は点訳・音訳データなど視覚障害の方のための利用に限り認めます。内容の改変や流用、転載、その他営利を目的とした利用はお断りします。

◎あて先
〒160-0008
東京都新宿区三栄町17-2 木原ビル303
生活書院編集部　テキストデータ係

アジアの障害者の法的能力と成年後見制度
障害者権利条約から問い直す

発　行————— 2021 年 3 月 10 日　初版第 1 刷発行

編　者————— 小林昌之

発行者————— 髙橋　淳

発行所————— 株式会社　生活書院
　　　　　　　〒 160-0008
　　　　　　　東京都新宿区三栄町 17-2 木原ビル 303
　　　　　　　Ｔ Ｅ Ｌ 03-3226-1203
　　　　　　　Ｆ Ａ Ｘ 03-3226-1204
　　　　　　　振替 00170-0-649766
　　　　　　　http://www.seikatsushoin.com

印刷・製本—— 株式会社シナノ

Printed in Japan
2021 © Institute of Developing Economies (IDE), JETRO
ISBN 978-4-86500-125-9